Kierkegaard

Coleção **PASSO-A-PASSO**

CIÊNCIAS SOCIAIS PASSO-A-PASSO
Direção: Celso Castro

FILOSOFIA PASSO-A-PASSO
Direção: Denis L. Rosenfield

PSICANÁLISE PASSO-A-PASSO
Direção: Marco Antonio Coutinho Jorge

Ver lista de títulos no final do volume

Jorge Miranda de Almeida
Alvaro L.M. Valls

Kierkegaard

ZAHAR

Capa
Sérgio Campante

CIP-Brasil. Catalogação na fonte
Sindicato Nacional dos Editores de Livros, RJ

Almeida, Jorge Miranda de
J444k Kierkegaard / Jorge Miranda de Almeida, Alvaro L.M. Valls. — 1ª ed — Rio de Janeiro: Zahar, 2007
(Passo-a-passo; 78)

ISBN 978-85-378-0018-8

1. Kierkegaard, Søren, 1813-1855. 2. Filosofia dinamarquesa. I. Valls, Álvaro L.M., 1947-. II. Título. III. Série.

CDD: 198.9
07-2224 CDU: 1(489)

EDITORA SCHWARCZ S.A.
Praça Floriano, 19, sala 3001 — Cinelândia
20031-050 — Rio de Janeiro — RJ
Telefone: (21) 3993-7510
www.companhiadasletras.com.br
www.blogdacompanhia.com.br
facebook.com/editorazahar
instagram.com/editorazahar
twitter.com/editorazahar

Sumário

Introdução ao enigma

Søren Kierkegaard nasceu em 5 de maio de 1813, em Copenhague, onde faleceu em 11 de novembro de 1855. A brevidade de sua vida contrasta com a qualidade e a extensão de sua produção, ainda não classificada nos círculos acadêmicos. Se não é filósofo, nem teólogo, nem psicólogo, nem literato, nem místico, nem pedagogo, como é que sua influência está tão presente em Jaspers, Heidegger, Sartre, Ricoeur, Benjamin, Kafka, Buber, Chestov, Lévinas, Derrida, Rosenzweig, Jankélévitch, Bloch, Merleau-Ponty, Arendt, Deleuze, Canetti, Barth, Lacan, Bataille, Tillich, Adorno?

Kierkegaard é um enigma: "Por toda a vida me encontrarei sempre na contradição, porque a vida mesma é contradição." Nos *Diários*, na produção pseudonímica ou na assinada por ele, constata-se uma estratégia férrea de dissimular-se num labirinto para servir como espelho, em que o leitor pode ver o próprio rosto. O enigma é proposital, pois ele tinha consciência da força e da originalidade dos seus escritos, e não queria ser transformado num ilustre personagem acadêmico das faculdades de teologia, filosofia ou direito: "Um dia não somente os meus escritos, mas certamente a minha vida e todo o complicado segredo do maquinário serão minuciosamente estudados." De fato, são estudados e esmiuçados, e multiplicam-se as sociedades de estudos kierkegaardianos mundo afora. Formulam-se hipóteses sobre seu universo particular, subjetivo, afetivo, sexual. Dissecam-no como a um cadáver. Viveu dissimulando para manter a sua própria individualidade. Hoje é traduzido e ensinado como um modelo. Tradutores, professores e comentadores o convertem, contra a vontade, num pastor, mestre, literato ou psicólogo.

Seu depoimento é fundamental para quem pretende enfrentar o enigma. Os especialistas concordam: impossível compreendê-lo sem levar em conta as circunstâncias de sua vida. O enigma Kierkegaard é único. Mesmo que a existência seja comum a todos, a construção do existir depende da coragem e da ousadia, que se traduzem em risco e angústia no concretizar ou não a tarefa que lhe foi confiada. A vida, enigma, contradição, "síntese de temporal e eterno, finito e infinito, necessidade e liberdade", não pode ser absorvida em sistema, religião, partido político ou outra forma de coletividade.

O enigma seduz, angustia, dilacera com suas contradições existenciais, sua refinada ironia, sua esperança de retirar o homem comum do anonimato da multidão. Ele nos provoca e nos convida a irmos até o fundo de nós mesmos, para que possamos, com todo risco que a decisão do salto comporta, encontrar o Inefável. Penetrar no fundo de si mesmo é constatar a singularidade da vida, concretizar-se como uma individualidade. Singularidade que não é um eu sozinho, despersonalizado, narcisista. Pelo contrário, é um *eu-tu*, porque é sempre um *eu-relação.*

Kierkegaard é póstero. Profeta da individualidade, num tempo em que as *aldeias globais* e os *sistemas cosmopolitas* negam a individualidade e transformam tudo e todos numa heterogeneidade homogênea, numa sociedade sem identidade, sem autenticidade, sem alma. Psicólogo, ele escreve com sangue e com a melancolia que caracteriza os homens de gênio.

O pai e a noiva Regina, com quem nunca se casou, são referências constantes nos *Diários.* Se, prescindindo da relação com Deus, lhe perguntassem como pôde tornar-se escritor, responderia: "Devo tudo a um velho pelo qual sinto a maior gratidão e a uma jovem à qual estou ainda em débito. Por isso me parece que a minha natureza resulta de uma síntese de velho e de novo, de rigor invernal e de frescor do verão. O primeiro me educou com sua nobre sabedoria, a outra, com a sua amável imprudência." Podemos comparar a relação Abraão-Isaac com Michael-Søren, pois o pai vê no sacrifício do filho a expiação da culpa, contraída aos 12 anos, quando Michael, faminto nas planícies da Jutlândia, amaldiçoou o Deus que permitia que uma criança passasse fome e frio.

Nas viagens pelo mundo da fantasia, da dialética e da melancolia, deu-se a formação intelectual do jovem Kierkegaard. Assistiu e, mais tarde, participou das discussões teológicas entre seu pai e os poucos amigos que freqüentavam a casa. A descoberta do segredo paterno o abala:

> Sobreveio *o grande terremoto*. ... Descobri que a idade avançada do meu pai não era uma bênção de Deus, mas uma maldição. ... Vi em meu pai um infeliz que deveria sobreviver a todos nós, ereto como uma cruz sobre a tumba de todas as suas esperanças, senti crescer em meu redor o silêncio da morte. Um pecado deveria gravar sobre a família uma punição de Deus.

A citação testemunha também a transformação da visão que Kierkegaard teve de um deus punitivo, carrasco e legislador, para um deus que é alteridade pura e, por excesso de amor, se retira para que o amado possa, numa liberdade derivada, constituir e construir a si mesmo. Na melancolia opera-se a crise de fé, e ele descobre um cristianismo proposto por Cristo, diferente do da Cristandade.

Regina foi outra figura marcante, talvez determinante, na construção kierkegaardiana. É "seu primeiro leitor", "seu ouvinte" (o gênero não muda no seu idioma). Regina era alegre, vivaz desabrochava para a vida; ele, melancólico, triste, beirando o ridículo. A força de Kierkegaard estava no vigor e na beleza de sua palavra: aí, sim, era um Don Juan. Em 1840 ficam noivos e após 11 meses ele a força a romper o relacionamento, pois julga não ser capaz de conciliar sua tarefa com a vida matrimonial. Irônico e teatral, simula não ter caráter, para distanciá-la de si, o que ocorre no outono de 1841. Em 1843, ela fica noiva de Frederik Schlegel. Ele a amava, talvez mais do que a si mesmo, mas as exigências que se punha impediam que permanecesse na dinâmica do homem normal. Casando, não seria o excepcional diante de

Deus. Escolheu entre Deus e Regina e optou, com boa dose de sofrimento, por Deus.

O terceiro personagem que marcou a vida e a trajetória filosófica de Kierkegaard foi o bispo Mynster, que conciliava a Igreja luterana oficial com a ordem estabelecida de sua época. Acabou por considerá-lo seu adversário, como pregador de um cristianismo reconciliado com o mundo, ilusão que transforma o evento cristão, a encarnação de Cristo, em ações mundanas, temporais, anulando a radicalidade de Cristo. A Cristandade é "uma fantástica miragem, uma máscara, uma palhaçada, abrigo de todas as alucinações".

Lendo a obra como um todo

A obra de Kierkegaard pode ser lida como uma sinfonia executada por uma orquestra. Só os *Diários* têm mais de 20 volumes (5 mil páginas). A abrangência dos temas, a variedade dos pseudônimos, os jogos, as ambigüidades e as contradições — estratégicas — dificultam a construção de uma classificação objetiva da obra e constituem verdadeiro labirinto, onde se entra por qualquer porta (qualquer livro), mas de onde não é fácil sair. Talvez fosse uma tática do autor para impedir que enquadrassem sua obra num corpo sistemático de doutrina. Sua filosofia é um coro que necessita de vozes diferentes, contrapostas, para daí surgir a perfeição de uma harmonia.

A variedade dos pseudônimos e a singularidade com que cada um é apresentado e assume um modo próprio de existir no interior dos estádios da existência mostram quanto o observador, o psicólogo da alma ou do caráter humano estudou a fundo as contradições da condição ou natureza humana. Pode-se afirmar que Kierkegaard constrói uma verdadeira galeria metódica e ordenada dos diversos tipos humanos. Estão presentes: o cavaleiro da fé, o juiz ético-burguês, o homem da dúvida, o desesperado, o romântico sedutor, o erótico-sensual, o cavaleiro da resignação, o espiritual-demoníaco, cada um e todos eles com a função de servir de espelho para o leitor. O objetivo não é ver o espelho, mas enxergar-se nele, transferindo ao leitor a tarefa de aprofundar-se e tomar as decisões fundamentais que a existência requer. A multiplicidade das vozes é estratégica e tem como objetivo despertar o indivíduo para que este possa optar pela existência ética. A tarefa dos pseudônimos é despertar os homens e torná-los atentos. A tática consiste em "oferecer uma comunicação similar e deixar completa e absolutamente suspensa na dialética ambígua, porque ela torna impossível a autoridade".

A produção constitui uma unidade na diversidade: diversidade nos pseudônimos, nos jogos lingüísticos, nos estádios da existência, nos estilos, nos argumentos, para assim levar o indivíduo singular a optar pela existência concreta, torná-lo atento, capaz de dissipar a ilusão das falsas perspectivas e dos prazeres momentâneos oferecidos, que o levam a perder o essencial. Afirma a necessidade de uma tática nova, totalmente impregnada de reflexão, e o "exercício contínuo da pauta e do dedilhado no teclado do dialético".

Um esquema da obra deve apresentá-la a partir da comunicação direta e da comunicação indireta. A primeira é assinada pelo próprio Kierkegaard, que assume a responsabilidade do que escreve e assina, e diz ser obra sua. A comunicação indireta é em geral constituída pela pseudonímia, sendo então a responsabilidade do conteúdo atribuída aos personagens, como está expresso no *Postscriptum*. Kierkegaard assume a "responsabilidade jurídica e literária" do conteúdo expresso pelos pseudônimos e até pede que se alguém vier a citar um texto, tenha a cortesia de o citar com o nome do respectivo pseudônimo. Numa anotação dos *Diários*, diz que o objetivo da pseudonímia é ser um teatro vivaz da existência, pois cada personagem tem a capacidade de representar internamente os vários estádios dela, e ainda oferecer ao leitor a possibilidade de olhar-se no espelho e confrontar-se consigo mesmo.

Os pseudônimos têm caráter, psicologia própria, individualidade, numa crítica aos intelectuais que se esquecem de existir e só "pensam sobre" a existência. "Se a minha concepção dos autores pseudônimos está de acordo com o que eles querem ser, não posso decidir, porque sou somente um leitor; mas que eles têm uma relação essencial à minha tese, é bastante claro. Se não por outro motivo, pelo menos, pelo abster-se do método catedrático."

Em 1838, ainda na universidade, publicou o primeiro livro: *Dos papéis de um sobrevivente*, forte crítica ao romance *Apenas um músico*, de Andersen, a quem acusa de não possuir uma visão própria da vida, não tendo, portanto, condições de escrever romances. Vale lembrar que em 1838 haviam morrido seu mestre, Poul Martin Møller, e o seu pai. O jovem crítico não estava mais para brincadeiras, sentindo vivamente sua responsabilidade diante de Deus.

Møller, ao morrer, mandara-lhe um último conselho: não se expandir demais na pesquisa "sobre o humor". Kierkegaard acatou o conselho e, oficialmente orientado por um professor que escrevia milhares de páginas de filosofia que não publicava, defendeu em 1841 a tese de mestrado (só depois tais teses passaram a valer como doutorado) *Sobre o conceito de ironia, constantemente referido a Sócrates*. Alguns examinadores acreditaram que se tratava de duas teses, uma sobre a ironia no sábio grego — vista num cálculo combinatório de Xenofonte, Platão e Aristófanes, para chegar a um retrato paradoxal do que seria o Sócrates histórico — e outra sobre a ironia romântica, de inspiração fichtiana, sobre os irmãos Schlegel, Solger e Tieck. Mesmo sem compreender a ligação entre as partes, sem tirar as conseqüências da afirmação de que só a ironia de Sócrates se justificava historicamente, sem perguntar se o jargão hegeliano era uso ou abuso, nem questionar até que ponto o autor se divertia, satirizando, aprovaram a tese como excelente, sem pedir correções. Sabiam da impertinência do autor, que se tornou, como diria depois, "o Mestre da ironia".

Após o traumático rompimento do noivado e a defesa da tese, freqüentou por alguns meses, em Berlim, as aulas de Schelling, desperdiçando, por falta de informação, a oportunidade de assistir às de Trendelenburg, célebre como intérprete de Aristóteles e crítico da *Lógica* de Hegel. Depois de se entusiasmar com Schelling, quando este pronunciou a palavra "*Wirklichkeit*" (realidade efetiva), que lhe era tão cara, decepcionou-se com o Schelling dos anos 1840, acabando por concluir que sua doutrina das potências era impotente demais, e que ambos estavam velhos, um para lecionar, o outro para estudar. Voltou de Berlim com uma obra de mais de 600 páginas, em dois volumes, um sobre estética e o outro sobre ética. O primeiro apresentava uma visão de vida hiper-romântica, que culminaria no *O diário do sedutor*. O segundo inaugurava a carreira de um célebre ético, juiz de instrução, bem casado e bem instalado em suas convicções éticas, religiosas, cristãs: Guilherme, um de seus pseudônimos. O título da obra, no original *Enten/Eller*, que quer dizer "ou-ou", pode ser traduzido como *A alternativa*. No volume II, encontra-se a teoria da escolha de si mesmo. O *conhece-te a ti mesmo*, do grego, deveria ser traduzido numa filosofia prática, não em pura teoria, sendo conveniente, portanto, utilizar um verbo que indicasse a eleição, o querer ser si mesmo. O viés fichtiano da *ipseidade* se corrige com uma perspectiva socrática e uma cristalização cristã, com traços agostinianos.

Por ocasião da publicação dessa obra dupla (1843), que marcou a estréia de um escritor de gênio promissor, surgem *Dois discursos edificantes*, com menos de 50 páginas, que representavam a verdadeira alternativa, a que era entregue com a mão direita e recebida com a esquerda pelo público leitor. O primeiro fala *Da expectativa da fé* e lamenta que, numa virada de ano, por mais que façamos votos das melhores coisas às pessoas amadas, o bem mais precioso não pode ser ofertado por um ser humano ao outro. Nesta perspectiva religiosa, a relação cristã volta a ser socrática: não há mestres entre os homens, uns só podem "auxiliar" os outros e nada mais. O outro discurso mostra como tudo o que é bom vem do alto, do Pai das luzes. Um trata do tempo e o outro, do sentido do ser ou dos entes.

Seguem mais três, depois quatro, e o mesmo se repete no ano seguinte. Em poucos anos, já serão 80 discursos. Kierkegaard definia discursos como breves ensaios filosóficos, geralmente tendo como epígrafe um versículo da Bíblia, tão edificantes que "quase poderiam ser chamados de sermões" (Mynster), mas que o autor não chama de sermões pois não tem a autoridade de um ministro ordenado. Porque são filosóficos, apelam à compreensão e não a uma revelação superior e, se não exibem explicitamente um aparato crítico erudito (ou o ocultam, usando a linguagem mais singela, sem notas de rodapé), são investigações sobre o sentido da vida e do mundo, reflexões existenciais que, quando empregam categorias religiosas, sempre as usam condicionalmente: se o leitor, ou melhor, ouvinte (pois discurso se pronuncia em voz alta) crê nelas, então que tire as suas conclusões lógicas. O autor não "prega".

Tal produção aos 30 anos! Mas 1843 não acabou. Quem pensou que Guilherme já consagrara uma ética de fundamento cristão, toda baseada no idealismo alemão, terá agora de se admirar ao ler um novo pseudônimo, Johannes de Silentio (ver o conto de Grimm, *O fiel João*), uma espécie de trovador, estudioso da filosofia, que achava mais fácil entender Hegel do que entender a performance de Abraão ao levar Isaac para sacrificá-lo no monte. *Temor e tremor* apresenta variações do relato bíblico, para questionar a moral kantiana e a ética hegeliana. O patriarca, Pai da fé, não pode falar a verdade, como exigia Kant, e se relaciona diretamente com um Absoluto, que transcende a ética, de modo a contrariar os sistemas idealistas e racionalistas.

Em paralelo ao questionamento da suspensão da ética por Abraão, que se relaciona como indivíduo singular com o Absoluto, sem as mediações institucionais da família, da sociedade civil ou do Estado, surge outro pequeno livro, de 100 páginas: *A repetição*. Seu título e sua temática apresentam um conceito-chave kierkegaardiano, distinguindo de uma repetição mecânica uma outra que é retomada, reprise ou recomeço da mesma coisa em novas condições. Assim compreendida, a repetição (*Gentagelsen*) contrasta com a reminiscência platônica, em que não há propriamente recomeço, conversão, arrependimento. Naquela se concentra a seriedade (*Alvoren*) da existência. O enredo do texto tornar-se-á um *topos* característico do autor dinamarquês: um jovem rompe seu noivado e busca orientação com um psicólogo experimentador (Constantin Constantius, que antecipa a figura de outro psicólogo, dos *Estádios no caminho da vida*, de 1845, Frater Taciturnus). Transformar a ex-noiva numa espécie de musa para a criação artística consistiria na verdadeira repetição ou será que esta teria de ser buscada ainda mais adiante?

A produção de 1844 não é menos impressionante, com duas obras fundamentais, além dos nove *Discursos edificantes* e do livro *Prefácios*, em que um filósofo casado, Nicolaus Notabene, tenta dar vazão ao desejo de construir sistemas, como os contemporâneos, mas a esposa zelosa só o autoriza a escrever o prefácio de cada livro. O filósofo acaba reunindo oito deles, acrescenta mais um prefácio e, antecipando Borges, cria o gênero do "prefácio em si e para si".

Os dois outros títulos aparentam ser mais sérios. Quase gêmeos pela data do lançamento, são complementares no conteúdo. Há que lê-los em conjunto, embora pertençam a autores distintos: Johannes Climacus, cabeça filosófica de força especulativa, que não consegue ser cristão e se declara um humorista, oferece-nos *Migalhas filosóficas*; Vigilius Haufniensis redige *O conceito de angústia*, um estranho e exigente tratado de "psicologia" (antropologia filosófica) sobre a liberdade humana, tendo no horizonte a questão dogmática do pecado hereditário.

As *Migalhas* têm um estilo algébrico. Climacus não quer convencer ninguém de nenhuma tese: apenas desenha dois modelos que, por hipótese, devem ser opostos, sendo o primeiro supostamente o socrático (a bem dizer: o platônico, modelo seguido por muitos filósofos até Hegel). O homem estaria na verdade; a verdade, no homem. O propósito seria recordá-la e montar o conjunto científico. O tempo não teria significado decisivo, e o mestre, no fundo, não passaria de um auxiliar. O segundo modelo, oposto ao primeiro, não tem nome. Ele deve partir da premissa de que homem e verdade iniciam separados, de modo que o mestre e o instante do encontro adquirem um valor absoluto. Encontrar ou não a verdade torna-se questão vital, problema existencial. O mestre teria de ser uma espécie de "fato absoluto", dado histórico que transcende os tempos, sendo apropriado falar da historização do eterno e da eternização da história.

Kierkegaard personificava os problemas, hipostasiando-os em figuras conhecidas (Don Juan, Fausto, o Judeu Errante e Abraão). Haufniensis trabalha com a figura de Adão e dos homens posteriores, estuda a liberdade, condição de possibilidade daquilo que os teólogos costumam chamar "pecado". Como pode um pecado ser hereditário? Como é ou deve ser a liberdade de um ser consciente capaz de pôr um tal pecado? Qual a função da angústia, nesse processo individual e histórico? Surge uma antropologia dialética, que vê o homem como o fruto da síntese de tempo/eternidade ou finitude/infinitude.

A maior obra de 1845, *Estádios no caminho da vida*, teve um sucesso semelhante ao de *A alternativa I* e *II*. A estrutura quádrupla projetada acabou resumida em três partes, uma estética, uma ética e uma religiosa. Daí a tendência a se interpretar o pensamento de Kierkegaard pelo esquema de uma teoria de três estádios, que não é estrutural na obra. Tanto isso é verdade que alguns dos principais títulos abstraem desse esquema, que também pode ser binário (o estético de um lado e o ético-religioso do outro) ou quaternário (com a religiosidade paradoxal constituindo um quarto estádio). O termo "estádio" lembra um percurso, trecho, etapa (não são estágios). Depois de um divertido prefácio "ao leitor benévolo", de Hilarius Bogbinder (o encadernador, responsável pela edição dos diversos papéis ali reunidos), lemos três textos diferentes: *In vino veritas* apresenta um banquete dos pseudônimos, a discutirem sobre a mulher, a beleza e o amor, na perspectiva estética; *Considerações sobre o matrimônio, por um esposo*, redigidas pelo Assessor Guilherme, o ético, revelam agora uma moral mais convencional e estóica, pouco cristã, em que o interessante é vencer os desafios do tempo; enfim, *Culpado? — Não-culpado?* traz duas partes autônomas, a primeira mostra um noivado desfeito, e o ex-noivo se remoendo, buscando descobrir o significado religioso de seu destino; a segunda apresenta as reflexões do psicólogo Frater Taciturnus.

Kierkegaard não morreu aos 33 anos, e surgiu, da pena de Climacus, o *Postscriptum conclusivo não-científico às Migalhas filosóficas*, bem mais longo que o livro que o motivou. Depois de elogios e muitas variações sobre os pensamentos de Lessing, o autor desenvolve as conseqüências do modelo "não-socrático" das *Migalhas*. O "problema" traz agora uma vestimenta histórica: discute-se o significado do fenômeno multissecular do cristianismo. Como um pensador, um indivíduo realmente existente, pode relacionar-se com o cristianismo com sua pretensão de verdade absoluta? Deve poder dizer sim ou não — eis o conceito de escândalo, fundamental para Kierkegaard. Ele escreve, em 1847, que se dizemos "ai daquele por quem os escândalos vêm ao mundo", precisamos dizer também "ai daquele que apresenta o cristianismo sem a possibilidade do escândalo", da recusa livre e consciente, pois não se pode dizer sim a algo que em absoluto não pode ser recusado.

O *Postscriptum* desenvolve a noção do pensador subjetivo, que não é subjetivista. A célebre frase "a subjetividade é a verdade" é confrontada logo com outra, que diz o mesmo de modo mais profundo: "A subjetividade é a inverdade." Isto é, só na subjetividade podem ocorrer a verdade e a inverdade. Verdade é sempre verdade para alguém. Mais: a verdade verdadeira não é só teórica, também é prática e edifica, constrói sobre fundamentos. Climacus afirma o conceito central do indivíduo (*den Enkelte*, em alemão *der Einzelne*), que não equivale ao simples elemento avulso (*Individ*), repetido na multidão. O indivíduo verdadeiro é único "diante de Deus", responsável por si mesmo, não cria a si mesmo (à moda sartriana), mas é "um redator responsável".

Kierkegaard teve de decidir se atuaria como professor ou como pastor. Recusara casar-se e resolveu esgotar-se como escritor, depois de provocar uma ruidosa discussão com o jornal satírico *O corsário*, que levou a polêmica para o campo da zombaria. Quanto há de autêntico e quanto de teatral na atitude moralista que Kierkegaard foi assumindo daí em diante é difícil dizer. Defende sua causa "a caráter". Lamenta que Lutero, quando mandou pregar nas ruas, não nas igrejas, o fez do púlpito de uma igreja. Anota que mostrará como se prepara uma "catástrofe" (no sentido do teatro trágico grego, da cantoria que revela a verdade, oculta até os derradeiros momentos).

Alguns dos mais belos livros de Kierkegaard surgirão na outra metade da década de 1840 ("segundo percurso", na expressão de Henri Vergote). O autor "repete" ali seus grandes temas e, se os desenvolve com muita articulação filosófica, o faz em geral a partir de pressupostos do dogma cristão, numa "ética segunda". O ano de 1847 nos dá dois magníficos presentes. Os *Discursos edificantes em vários es-*

píritos reúnem três partes distintas. Aqui está o maior dos discursos, com 150 páginas, conhecido como *A pureza de coração* (que é querer uma só coisa, algo que valia tanto em Betânia quanto na filosofia kantiana). É o discurso contra o coração dividido, que se entrega a algo só pela metade e quer as coisas só "até certo ponto". Mas é também um quadro de crítica social realista, da sociedade da idade de ouro da Dinamarca, marcada pela cultura dos que rodeavam o bispo Mynster, buscando aos domingos uma hora de recolhimento na escuta de suas sábias palavras. A segunda parte contém *Três discursos sobre as aves do céu e os lírios do campo*, com enfoques diferentes: estético, ético e religioso, nessa ordem. Mas a boa-nova cristã aparece nos sete discursos da terceira parte do *Evangelho dos sofrimentos*, tão atuais na época de Schopenhauer e Nietzsche quanto na nossa: quão feliz pode ser quem sofre no seguimento do Redentor! Deveriam ser estudados, juntamente com as teorias dos dois alemães, que levantaram alguns problemas tratados por Kierkegaard logo de início.

A outra jóia de 1847 é uma espécie de *Imitação de Cristo* do século XIX: *As obras do amor*, duas séries de considerações cristãs em forma de discurso. A primeira analisa o mandamento do amor, "Tu deves amar o teu próximo". Cada um dos termos é estudado com vagar, num longo texto sem rodapé. Já a segunda série comenta versos do Hino à caridade, da primeira carta aos Coríntios. É uma lição magistral para qualquer pessoa que se declare cristã ou interessada pelo cristianismo, em qualquer época ou país, mas também um presente de núpcias para Regina, e nos quer ensinar a todos o que significa amar de verdade. Regina é a ouvinte privilegiada, mas o autor transcende sua experiência pessoal e nos passa um ensino de validade universal.

As obras do amor, *A doença para a morte* e *A escola de cristianismo* são exames dos conceitos essenciais do cristianismo. Na pena de um escritor que não quer ser sectário ou doutrinador, mas maiêutico, e usa a ironia como caminho (não é verdade nem vida), tais livros teriam de ser contrabalançados por outros, atentos para o dia-a-dia da sociedade contemporânea, livros de impacto estético e reflexões sociais e políticas, que analisassem o chamado "nosso tempo". Em 1846, ele analisa o bizarro caso do pastor Adolfo Adler, que, depois de doutorar-se em Berlim com uma tese hegeliana, tornou-se pároco no interior e começou a ter estranhas visões, nas quais Jesus Cristo apareceu-lhe em pessoa, ordenou de saída que queimasse os seus livros hegelianos, para então começar a ditar-lhe ao ouvido muitos sermões. O processo eclesiástico que daí surgiu mereceu numerosas reflexões de Kierkegaard, que deixou inédito um livro sobre as confusões de seu tempo. *O caso Adler* ilustra com traços tragicômicos as conseqüências de um tempo que aboliu o princípio da não-contradição: foi Jesus quem ditou, mas também não foi bem assim. Estando os personagens ainda vivos, o autor publicou apenas, em 1849, *Dois pequenos tratados ético-religiosos*, em que questiona a diferença entre um gênio e um apóstolo e o direito que teríamos de deixar que nos matassem pela verdade.

A mãe do crítico e dramaturgo Heiberg, rival de Kierkegaad, era uma escritora muito popular e lançara uma novela sobre duas épocas, com enredos que se desenrolavam nos tempos da Revolução Francesa, tempo de grandes paixões, e na década de 1840, tempos racionalistas, calculistas. Kierkegaard lhe dedica bela análise social e literária, de fundo moralizante, enfatizando a importância das grandes paixões na personalidade e na sociedade. Confirma sua crítica social, que o levará a dizer mais tarde que "a multidão é a mentira", ou que decisões baseadas no número só são boas para as coisas não tão importantes assim.

Se *Uma crítica literária — Duas idades* elogiava a mãe escritora do crítico de arte Heiberg, surge depois um belo e provocativo elogio da musa, esposa e atriz preferida do rival, nos artigos *A crise e uma crise na vida de uma atriz*, tão bem escritos que o marido não se furtou a reuni-los em um livro. Havia pimenta, porém, nos rasgados elogios. Para Heiberg, filósofo amador deslumbrado com Hegel, filosofia era só crítica, análise das crises. A crise seria o tema filosófico por excelência, e o verdadeiro filósofo, o crítico, as lê, graças aos estudos de Goethe e de Hegel, que aliás já teriam dito tudo.

Michael Theunissen considera um testamento espiritual o livro de 1849, do pseudônimo Anti-Climacus, cujo título seria *A doença para a morte*, mal traduzido por *O desespero humano*. Hélène Politis, filósofa e professora da Sorbonne, pergunta: por que não "Tratado da esperança"? A confusão se deve não só a tradutores que não entendem o que traduzem, mas também ao método negativo de Anti-Climacus (por definição um cristão integral), cujo texto examina as formas de desespero para mostrar qual é o estado de um autêntico eu que se assume a si mesmo, fundando-se transparentemente no poder que o pôs. Ora, essa é a definição do crente. O livro supõe a idéia de um saber cristão, preocupado, ou cheio de *cuidado*, "como a fala de um médico à cabeceira do paciente". Tal atenção "clínica" à existência do indivíduo (ver a *Sorge*, cura, de Heidegger) orienta a realização das sínteses que constituem o ser humano integral. O livro, tal como *O conceito de angústia*, resume uma antropologia ou analítica existencial cristã.

Anti-Climacus publicou mais um livro, *A escola de cristianismo* ou *Prática de cristianismo*. O Cristo que nos convida a segui-lo não é o Cristo Rei, mas sim o servo humilde de Javé. Ante a humildade do que convida, o ouvinte está livre para responder com um sim ou um não (atitude de fé ou de escândalo). A possibilidade do escândalo é essencial, talvez porque, após a síntese de Goethe e de Hegel, parecia que cultura ocidental e religião cristã já constituíam uma unidade, de modo que toda pessoa culta seria cristã.

Deixando de lado outros textos publicados nesses anos, há que se concentrar na grande polêmica final, que culminou no jornal *O instante*. Anti-Climacus desenvolvera o conceito de "testemunha da verdade". Sempre o interessou a verdade vivida, no seguimento daquele que disse: "Eu sou a verdade, o caminho e a vida." Convencido de que a Cristandade é uma ilusão, pois ninguém se pautava pelo "essencialmente cristão", medita sobre a figura do "mártir", que dá testemunho da verdade com a vida e o sangue, e morre, se preciso for, na cruz, humilhado e açoitado. Quando Mynster falece e é enterrado "com banda de música", Kierkegaard silencia, mas quando o teólogo Martensen, na oração fúnebre, qualifica o morto de "uma das testemunhas da verdade, das verdadeiras testemunhas da verdade", a reiteração passou da conta. Para não influenciar na política eclesiástica, que elegerá Martensen sucessor de Mynster, o polemista prepara cuidadosamente os textos do combate que só explodirá dez meses depois, passada a eleição. A discussão, mais e mais violenta, começa jocosamente, num artigo intitulado "O bispo Mynster foi uma testemunha da verdade, uma das verdadeiras testemunhas da verdade. — Isso é verdade?". Cabe perguntar aos analíticos: qual o significado filosófico da palavra "verdade" na terceira formulação?

O enterro do próprio Kierkegaard, após meses de polêmica, trouxe um constrangimento quando um sobrinho interrompeu as derradeiras cerimônias para ler um artigo do tio, que dizia que, na Dinamarca, um pensador é enterrado como cristão mesmo que tenha afirmado não o ser. "Eu digo e tenho de dizer que não sou cristão" é uma formulação dos últimos textos, que mostra seu modo de ser socrático. Era o seu "só sei que nada sei", na prática, no contexto da Cristandade. Se todos o são, alguém deve dizer que não o é.

Ora, o que se faz com um autor incômodo, mas brilhante? Tomam-se medidas defensivas: a recepção da obra kierkegaardiana se fez ignorando três das quatro partes essenciais: eliminaram-se seus *Diários*, a dissertação *Sobre o conceito de ironia* (plataforma metodológica) e, é claro, a polêmica final, para fazer dele um autor "interessante", aceitável nos salões, quiçá nas academias. O resultado é uma obra insípida, distorcida. O Mestre da ironia não se tornou inocente, mas "inofensivo", como ele mesmo lembrara a respeito de Sócrates.

Um pensador da existência

O terremoto Kierkegaard atingiu o coração da filosofia idealista, descomprometida com a real existência e o sentido da realidade, prisioneira da esterilidade da reflexão. Daí, a tese de que um sistema lógico é possível, mas não um sistema da existência, porque esta não se reduz a possibilidades, probabilidades ou mediações lógicas. Se a existência, Deus ou a pessoa humana em sua constituição histórica fossem apreendidos pela abstração lógica, tudo decorreria por absoluta necessidade lógica.

Na filosofia existencial, a chave hermenêutica é a decisão apaixonada do existente na transformação da própria existência, pois toda decisão essencial se dá na subjetividade. A filosofia assume a dimensão de diálogo íntimo do eu consigo mesmo, partindo do pressuposto de que o homem é espírito, "o espírito é interioridade, a interioridade é subjetividade, a subjetividade é essencialmente paixão, e quando atinge o ápice, é a paixão infinita da pessoa interessada na própria salvação eterna".

A nenhum outro pensador aplica-se tanto a categoria da reduplicação. Instigador, pedagogo, estrategista, quer mostrar, a partir da multiplicidade das vozes que compõem a dimensão comum do ser humano (inautenticidade), qual seria a ideal e qual seria a radicalidade em transformar o viver em existir, isto é, como se dá o salto do estádio estético para o ético e daí para o ético-religioso. A passagem da vida biológica (dom, *Gave*) ao existir autêntico (tarefa, *Opgave*) realiza-se por um salto, não por mediação lógica, e existir de fato, para o existente, é o supremo interesse; o interesse da existência é a realidade, que não se deixa exprimir na linguagem da abstração.

Se existe chave hermenêutica para entender Kierkegaard, essa chave é ele mesmo, e isso só é possível freqüentando o labirinto de sua obra. Do contrário, o risco de se enganar e de se iludir com a apresentação dos temas é muito maior do que construir pouco a pouco o enorme quebra-cabeça chamado Kierkegaard. A contradição existencial e o mostrar-se enigmático pela pseudonímia constituem a estratégia fundamental e intencional para demonstrar a impotência da filosofia especulativa diante da realidade concreta. Ele afirma: "A especulação não é uma comunicação de existência: nisso consiste o seu erro, enquanto pretende explicar a existência."

Existir é, com audácia, atirar-se, concretizar no aqui e agora a tarefa confiada a cada um. Em Copenhague, tudo respirava filosofia, mas as questões vitais do existir, do existente e da existência singular diante de si mesma e diante do Absoluto não entravam na esfera da reflexão filosófica, preocupada demais com o rigor da objetividade, do sistema, do universal.

As críticas kierkegaardianas aos meios de comunicação, à Cristandade e aos poderes políticos constituídos e aos filósofos das cátedras da metade do século XIX continuam atuais. Tais instituições traem a si mesmas quando propõem categorias como massa, público, anonimato, a partir de técnicas como reprodutibilidade e massificação das idéias e dos valores que comunicam no púlpito ou no jornal. Influenciadas pela moda, desprezam o diálogo entre indivíduos singulares, despersonalizando *eu* e *tu* numa voz anônima, impessoal, sem compromissos com o conteúdo do que é proferido.

Kierkegaard julga conhecer o problema de sua época, época sem caráter. Sua filosofia retoma a dimensão original da praça pública, da rua, do mercado, da inserção no cotidiano das pessoas. Escreve:

> ... tinha uma grande e verdadeira satisfação: pensar que, se não houvesse mais ninguém, havia pelo menos um em Copenhague, com o qual o mais empobrecido poderia sem sombra de dúvidas entreter-se e falar; mesmo que não houvesse nenhum outro, pelo menos havia um que, mesmo freqüentando o topo da sociedade, não se cansava e conhecia cada doméstica, cada família, cada operário e jornalista.

Ele propõe uma relação dialógica, convida o leitor/ouvinte a refletir sobre a falta de caráter da época e deixa a decisão a critério deste. O método é a maiêutica socrática, aperfeiçoada na reduplicação. Discurso na primeira pessoa, uma vez que a principal crítica gira em torno da impessoalidade e a absolutização da reflexão que eliminou o eu concreto e a responsabilidade: "A corrupção fundamental dos nossos tempos consiste em haver abolido a personalidade." A filosofia não pode se reduzir a um jogo lingüístico, em proposições bem articuladas e vazias de conteúdo, não pode ser só reflexão de saber, deve tornar-se uma reflexão de poder para assim conduzir o singular a comprometer-se consigo mesmo, com o conteúdo do pensar, capaz de reduplicar o pensar no fato de existir.

O excesso de comunicação atrapalha a verdadeira comunicação, constituindo-se no niilismo lingüístico ao transformar tudo e todos em bandos, em massa de manobra, em desordem, numa abstração do sistema. Denuncia o niilismo como "as orgias espirituais da filosofia contemporânea" que se entrega a ponderações prolixas, pretendendo tudo saber, mas que não consegue chegar ao íntimo do ser humano, vivendo de súmulas, mas incapaz de agir concretamente no dia-a-dia do existente. Dessa forma, de que adianta tanto saber e erudição, se eles permanecem sem ação na vida dos seres humanos?

A distinção entre a filosofia sistemática e a existencial é realizada com a ironia que deve permear a reflexão existencial. Se a filosofia começa com a dúvida, o começo é sempre um pressuposto e não implica o engajamento radical do indivíduo singular. A *reduplicação* entre o saber e o agir não ocorre, mas permanece no campo da conceitualização. Toda a produção kierkegaardiana está contida nesse enunciado. Se a filosofia fica no campo do puro conceito, das proposições e probabilidades e não se concretiza numa situação, é incapaz de uma ética, pois não há ética sem realidade histórica.

"Como pode a ilusão ser dissipada?" A filosofia, quando se limita às categorias do pensamento, não vê dificuldade, e elas podem ser mediatizadas, mas, enquanto fatos, existências e existenciais, o conceito é impotente ante o tornar contemporâneas as realidades, pois são contraditórias e não se deixam apreender em um conceito, mas permitem a apropriação em uma relação.

A uma filosofia do conceito, Kierkegaard contrapõe uma filosofia da situação-tensionada, a uma da objetividade pura e da redução da diferença à identidade do mesmo, contrapõe uma filosofia da subjetividade responsável e da alteridade do primeiro Tu, como nas *Obras do amor*, em *Tu deves amar "o próximo"*. A uma filosofia conclusiva e sistemática, contrapõe uma da descontinuidade e da inconclusividade, em que a coerência da reflexão não consiste em comprovar a universalidade do conceito, mas em reduplicá-lo coerentemente na própria existência e, dessa forma, estabelecer a positividade de um novo saber. É dentro dessa problemática que Kierkegaard estabelece a retomada da maiêutica socrática, como *reduplicação*, visando estabelecer uma nova possibilidade de se fazer filosofia. Filosofia que ajuda a concretizar harmoniosamente a tarefa e o dom, o que só pode ser realizado mediante a ética centrada na vida e a partir das situações reais da própria vida. Entende-se por ação o movimento do concretizar o dom e a tarefa, o que é de domínio da realidade histórica e, portanto, ética, e não metafísica ou ontológica.

A existência não pode ser explicada de fora, e o erro do sistema é abstrair dela a própria existência, ou reduzi-la a uma existência de passado, eliminando o contemporâneo e os dramas existenciais. Sua produção tem como objetivo retirar o indivíduo da multidão. É oportuno estabelecer o conteúdo da categoria de indivíduo em Kierkegaard, na maioria das vezes visto como sinônimo de individualismo, subjetivismo ou irracionalismo. Ao contrário, o indivíduo é uma categoria em si relacional, conforme *A doença para a morte*: "O eu (*Selv*) é uma relação ... o eu não é a relação *em si*, mas sim o seu voltar-se sobre si própria, o conhecimento que ela tem de si mesma depois de estabelecida."

A crítica de Kierkegaard à especulação é que ela anula o drama que exige a decisão do indivíduo concreto. A liberdade torna-se um momento na mediação; liberdade de pensamento, mas não real e responsável. Daí a crítica: "A especulação abstrai da existência." A conclusividade do pensamento objetivo é incapaz de apreender o atualizar-se do eterno no tempo, não abrange o dinamismo da síntese de eternidade e temporalidade, liberdade absoluta e liberdade histórica, no ato em que ela está se instituindo.

O pensador existencial insere a razão no processo de fundamentar o sentido da existência, mas não como única faculdade, ignorando outras, e sim como paixão, vontade, amor, abnegação, que contribuem na construção do sentido último. Para o pensador existencial, a existência não pode ser analisada nos moldes científicos. Não é uma ciência, é história, que envolve personalidades, relações e contradições paradoxais, não se esgota em definições e demonstrações.

Os estádios e a comunicação existencial

Com a estratégia do *espelho da palavra*, inaugura-se uma nova modalidade filosófica. O espelho é a comunicação indireta e tem em seu interior o objetivo dialético de demonstrar aos seus contemporâneos quanto estavam distantes da vivência da verdadeira ética e da relação íntima com o Absoluto. A tática para tornar o homem atento não é um discurso acadêmico ou um sermão dominical. O *insight* extraordinário foi inventar personagens e reduplicá-los em uma determinada situação, de forma que cada leitor se confrontasse com Don Juan, Margarida, Fausto, Asvero, Abraão, Jó, Climacus, Guilherme, Victor Eremita, Anti-Climacus, Johannes de Silentio, Nicolaus Notabene, Frater Taciturnus, Constantin Constantius.

A uma filosofia preocupada com o etéreo e a assepsia dos conceitos, oferece-se uma outra, centrada nos dramas e contradições que percorrem, no interior da existência, o ato de existir do próprio existente. Usa a comunicação indireta com o objetivo de demonstrar aos contemporâneos a inadequação entre o viver a vida e o existir no interior da própria vida. Acreditava que, assim, a ilusão em que os conterrâneos viviam poderia ser dissipada. Na construção dos estádios, estão presentes uma fenomenologia e uma dialética da liberdade que não culminam num ponto fixo ao fim do processo, descrevem a tensão que caracteriza as possibilidades de concretizar a aventura do deixar de *ser* para *tornar-se* homem, como evocou Píndaro: "Vem a ser, na própria experiência, aquele que tu és."

Na descrição dos estádios, os elementos literários valem como filmes, fotografias, poesias, peças teatrais, vídeos, documentários que reproduzem fielmente a condição humana. Ao mencionar Don Juan, Johannes (o sedutor), Antígona e Édipo, ou Abraão e Jó, não está descrevendo personagens no interior da literatura e nem pretende desenvolver uma análise literária deles. As figuras servem como espelhos que caracterizam determinada realidade de um drama, de uma comédia ou de uma tragédia, já que a existência comporta todos esses aspectos. Eis a importância da comunicação indireta: mostrar pelas alegorias que o homem do seu tempo, bem como o do nosso, tornou-se um "cadáver ambulante", uma máscara, um fardo pesado, e que existir é demasiado, preferindo ser um "simples espectador" da existência.

No estético, o indivíduo singular deixa-se guiar pelos momentos aleatórios que se apresentam, é incapaz de um projeto e de uma decisão que comportem a radicalidade da doação como compromisso e responsabilidade, antes pauta sua vida *no* e *com* o efêmero, o acidental, passa o tempo que lhe foi destinado inebriado e prisioneiro das vaidades proporcionadas pelos "meios financeiros, da força física e exuberante da juventude". O ético é personificado na escolha de si mesmo e na adequação à lei e aos valores universais. Se o desespero pode ser a passagem do estético ao ético, a deste para o religioso acontece no arrependimento, categoria anti-hegeliana, pois ocorre no interior de duas liberdades que não permitem mediação, do homem que se reconhece finito e pecador e escolhe saltar nos braços de Deus e do Eterno que acolhe o penitente, conforme a parábola do filho pródigo.

Os estádios da existência mostram que a metafísica tem sua função na perspectiva conceitual e sua validade, mas é incapaz de apreender o movimento inerente à existência. A filosofia e a teologia especulativas em seu determinismo e fatalismo não podem compreender existencialmente a relação que se estabelece entre personalidades reais e tão antagônicas quanto são Deus e o homem. Kierkegaard expressa na *Doença para a morte* que "esse *tête-à-tête* do isolado e de Deus jamais entrará na cabeça dos filósofos; eles não fazem outra coisa senão universalizar imaginariamente os indivíduos na espécie". A relação existencial escapa completamente ao pensamento puro.

> O eu do determinista não respira, visto que a necessidade pura é irrespirável e asfixia inteiramente o eu. O desespero do fatalista consiste em ter perdido o eu ao perder Deus; carecer de Deus é carecer de eu. O fatalista vive sem Deus, ou melhor, o seu é a necessidade; pois para Deus tudo é possível, Deus é a possibilidade pura, a ausência de necessidade.

Kierkegaard desenvolve os estádios da existência como uma metáfora escatológica. O estético representa a *queda*, o homem que vive o momento e não tem consciência do *télos* último da existência. O ético caracteriza a auto-suficiência do homem que crê poder resolver os problemas e construir seu paraíso na terra, o que o deixa frustrado e impotente. Enfim, no ético-religioso, o indivíduo constata a insuficiência da existência centrada em si mesma e a necessidade do reconhecimento da realidade de Deus como realidade última.

Tornar-se si mesmo é tornar-se concreto, coisa irrealizável no finito ou no infinito, no temporal ou no eterno, visto o concreto ser síntese dialética. Ser homem é realizar a síntese do tempo e da eternidade em um momento: no presente. Outra vez a estratégia traz a polêmica entre o interior e o exterior: "Se a desgraça da época consiste em haver esquecido que coisa é a interioridade e o existir, a questão agora é especialmente a de aproximar à existência quanto possível." O esforço é o de fazer emergir no indivíduo a força necessária para que "ele possa tornar-se contemporâneo com o existente na existência". A interioridade é sinônimo de caráter e de personalidade ética.

Kierkegaard esclarece: "Se antes eu usei a expressão 'estádio', e continuarei a usá-la em seguida, não se necessita deduzir que cada estádio singular exista autonomamente, um fora do outro. Teria sido melhor se tivesse usado a expressão 'metamorfose'." Nos *Diários*, mostra a dificuldade de separar os estádios, pois se o estético se apresenta em luta com o ético, o momento ético é o da escolha com a qual se supera o estético, enquanto o religioso nasce de uma aproximação demoníaca. O estético não é abolido pela ética, mas incorporado, "permanecendo sempre como o relativo" no interior da escolha e da liberdade histórica. No ético, a personalidade é centrada em si mesma e, por isso, o estético enquanto absoluto é excluído, mas relativamente continua a subsistir, não é mais o definitivo e o sentido último da existência.

A definição no *Postscriptum* é semelhante à dos *Estádios no caminho da vida*: "Há três esferas da existência: a estética, a ética e a religiosa. A estas correspondem dois confins: a ironia é o limite entre a estética e a ética; o humor é a fronteira entre a ética e a religiosa." Explicação pormenorizada:

> Quando o indivíduo é em si a-dialético, e tem a própria dialética fora de si, temos *as concepções estéticas*. Quando o indivíduo tem a dialética em si mesmo, na auto-afirmação, de maneira que o último fundamento não se torna dialético em si, quando o eu que está no fundamento é usado para superar e afirmar a si mesmo, temos *a concepção ética*. Quando o indivíduo é determinado no interior, dialeticamente no auto-aniquilamento diante de Deus temos a *religiosidade A*. Quando é dialético de modo paradoxal, e toda imanência originária é aniquilamento e toda conexão foi cortada e o indivíduo se encontra no ápice da existência, temos *a religiosidade do paradoxo*.

O estético ocupa um lugar estratégico na obra de Kierkegaard. São metáforas da existência, que examinam e descrevem a concepção de vida da maioria. O estético é duplamente dialético: significa a infinita nostalgia do Jardim do Éden, do paraíso em que o prazer era sinônimo de felicidade entre espíritos e a inversão provocada pela queda e a distância da origem, acarretando a predominância do corpo atual e buscando apenas os prazeres e os apetites da carne. A análise do estádio estético descreve a trajetória realizada pelo ser humano em suas andanças, encontros e desencontros. Esse estádio, erótico, retrata a tensão entre criador e criatura, entre o espírito e a carne, entre o eu e o si mesmo, não de forma dualista, separando corpo e alma, mas sim como contradição existencial entre os constituintes da síntese.

A descrição do estádio estético tem quatro vertentes interdependentes: a primeira descreve a condição humana daqueles seres genéricos que vivem em meio à fragmentação e dissolução de si mesmos e de sua época, perdidos na fugacidade do momento que se torna o fundamento e o sentido de ser, ou perdidos em uma reflexão desencarnada. Sintomas: a vida já desapareceu da própria vida, o que suscita interesse é o especulativo, o estético e o artístico, que com seus holofotes impedem o homem de "combater os apetites e desejos da carne, as paixões selvagens e desenfreadas, o lado animal do ser humano".

A segunda é uma crítica ao sistema hegeliano, que operava no interior do estético, pois na absolutização do momento-imediato do esteta, a imanência se torna absoluta e o absoluto do conceito é concebido na imanência, por um lado, divinizando o indivíduo e, por outro, reduzindo a acidental o Absoluto. Eis, na sua universalidade, o princípio estético essencial: o momento é tudo.

A terceira interpretação relê a história da ruptura do homem com Deus, como é descrito nos personagens Don Juan, Fausto e o judeu errante. É a narração da história da queda, quando o homem trocou a exigência do espírito de tomar consciência do seu eterno valor pela sedução dos prazeres da carne e da dúvida que culmina no aborto do espírito e da existência do si mesmo.

A quarta leitura repõe as questões da filosofia na vida cotidiana das pessoas para que, no embate entre o eu e o si mesmo, o indivíduo possa encontrar-se consigo mesmo, deixando de ser uma criatura anônima, um número no rebanho, membro da massa, turba e multidão. Se o estético vive no mundo da fantasia, da imediaticidade ou do idealismo, é necessária uma arte que o reconduza a uma estrada justa, e mais original, pois, sem a retomada de si mesmo, o indivíduo não desenvolve as categorias existenciais e é incapaz de um agir ético, ou de se tornar o homem que estava destinado a ser.

A vida do estético transcorre no tédio e essa "é a raiz do mal". O desdobramento da análise do tédio em Heidegger, Sartre, Kafka e Camus encontra aqui sua origem. O tédio é a prisão do espírito. Quem é prisioneiro do tédio não tem presente a determinação do espírito e, nesse caso, não se concretiza a dialética da liberdade no seu processo de identificação da verdade com a liberdade na concretização da relação.

O ativismo o ajuda a esquecer o absurdo e o desespero, essência do estético. Ele sente que tem algo, uma potência em si que quer ser realizada, porém não se reconhece como um *eu* que deve deixar de ser imediato como os animais para tornar-se um si mesmo. O estético tem fome do infinito, mas sem consciência do desejo, o sacia erroneamente. Don Juan procura satisfazer a fome do eterno na perspectiva horizontal: ele o busca na multiplicação infinita de experiências finitas e, por falta de rumo e prumo, seduz 1.003 donzelas (só na Espanha), mas não conhece nenhuma e nem a si próprio. Kierkegaard já havia explicitado que "nada de finito, nem o mundo inteiro pode satisfazer a alma de um homem que tem o desejo e a necessidade do eterno".

O estádio erótico imediato é a concepção de vida mais próxima da animalidade e do vazio existencial, encerra a maior contradição da existência: é desejo, é sedução, incansável busca de prazer; de outra parte, é desespero, é nadificação do indivíduo "mergulhado no campo das possibilidades". O Sedutor, no *Banquete*, define-se: "Eu não medito, eu quero gozar." Eis o imperativo do esteta: prazer pelo prazer. Lemos em *O diário do sedutor*: "O supremo prazer é ser amado, ser amado acima de tudo. Introduzir-se como um sonho na imaginação de uma jovem é uma arte, sair dela, uma obra-prima."

O *Fausto* de Goethe traz o personagem mais famoso do estádio estético-dramático (espiritual-demoníaco). Que se analise a relação entre Margarida e Fausto para compreender o alcance do imediato-estético. Fausto caracteriza outra forma do estético. Margarida tem algo de Don Juan, vive de recordação, confidencia: "A minha recordação me traz presente agora que desapareci, eu, que propriamente não sou outra coisa que a lembrança dele." O erro de Margarida não foi amar Fausto, mas anular-se em nome da projeção de si no amado e construir o seu sentido na recordação desse amor. Seu lamento é digno de uma tragédia:

> Posso esquecê-lo? Mas poderia o córrego, por muito que chegue a percorrer, esquecer a sua fonte, esquecer a sua nascente, separar-se? Poderia a flecha, por mais rápido que possa voar, esquecer a corda do arco? Poderia a gota da chuva, por mais longa que seja a sua queda, esquecer o céu de onde cai? Certamente deverei dissolver-me! Posso tornar-me uma outra, poderei renascer de uma mãe que não é a minha mãe? Poderei esquecê-lo? Agora então deverei, por certo deixar de ser.

Fausto é um espelho de Hegel. A diferença é que Fausto, ao olhar no espelho de Mefistófeles, opta pelo prazer de saciar sua dúvida de espírito e é definido como o "espiritual demoníaco", enquanto Hegel é seduzido pelo espelho da filosofia pura e, para não se confrontar com as incertezas da existência, refugia-se num *palácio de cristal* de verdades e teorias fechadas em sistemas. Fausto é uma metáfora da tradição da filosofia moderna, com sua pretensão de negar a transcendência em nome de uma razão especulativa e científica. Personifica a dúvida filosófica, mas "falta a Fausto-Hegel profundidade psicológica quando se entrega às secretas considerações sobre a dúvida. Ele não descobre na realidade todos os sofrimentos que a dúvida comporta", porque "a dúvida destrói a realidade". Mas qual a origem e o fundamento da dúvida? Kierkegaard estuda a dúvida, definindo Fausto como incrédulo, entregue à sedução da razão. Na razão, todavia, não reside a certeza do eterno.

Asvero, o judeu errante, representa o nível mais profundo do estético na concepção da existência kierkegaardiana. O que distingue Asvero de Don Juan e Fausto é a intensidade do desespero. Este pode ser definido como o desacordo entre o momento eterno no homem e sua existência concreta. O judeu errante foi condenado ao desespero e à impossibilidade de morrer, experimenta o desespero mais profundo. Por que desespera? Porque é carente de "si mesmo", já que, desenvolvendo apenas o "eu" finito, não consegue estabelecer uma relação mais profunda com o autor que o pôs.

Simonella Davini afirma a respeito desse enigmático personagem: "O judeu errante é aquele que, não tendo outra esperança que a morte, anseia desesperada e ardentemente por morrer, por isso foi condenado a viver eternamente." A relação do desespero com a falta da esperança retrata a condição do homem fechado no finito e na sensibilidade.

A importância da ética na obra de Kierkegaard costuma ser circunscrita à interpretação e à compreensão do segundo estádio da existência, situado entre o estético e o religioso. A confusão a respeito da concepção de ética ocorre porque ele desenvolve complexos personagens-pseudônimos que jogam com o conceito e o conteúdo da ética entre si. Poucos conseguem distinguir os significados da moral, da ética, da eticidade e do ético neste autor. E a ética-segunda é distinta da primeira. A tese que resume os limites da ética-primeira está em *Temor e tremor* e no *Enten/eller* com dimensão crítica: "A ética é o universal, e como tal vale igualmente para todos" e "o ético é o universal e em tal modo o abstrato. Em sua completa abstração o ético se manifesta como lei". A ética-primeira anula na universalidade a personalidade e a responsabilidade que se concretizam na escolha entre o bem e o mal, o ético e o não ético.

Muitos estudiosos utilizam a descrição do estádio ético como sendo a concepção de ética kierkegaardiana. É praxe proceder à análise da ética a partir de uma obra específica, sem considerar seu conjunto. É uma grande limitação, pois "o estádio" ético só descreve uma etapa, ou uma concepção de vida, e não pode ser generalizado como a concepção de ética em Kierkegaard. A análise da ética é feita pelo Juiz Guilherme em *Enten/eller* e se mantém no interior da linguagem hegeliana. Johannes de Silentio critica as bases da ética-primeira em *Temor e tremor*. Haufiniensis distingue duas concepções de ética, no *Conceito de angústia*, e Climacus defende uma ética-segunda no *Postscriptum*. Enfim, o próprio Kierkegaard mostra uma segunda ética nas *Obras do amor*, nos *Discursos edificantes* e nos *Discursos cristãos*.

A distinção entre as duas concepções de ética é exposta no *Conceito de angústia*: "Resulta daqui que a ética, tal como se diz da lei, é uma disciplinadora cujas exigências se revelam simplesmente repressivas, nada criando." Já a ética-segunda "nunca é observadora, antes acusa, julga, age".

Sócrates é o paradigma da ética-primeira. Com ele "se conclui um desenvolvimento e com ele começa um novo. É a última figura clássica, que consuma com sua natural espontaneidade a plenitude da missão divina com que destrói o helenismo". A partir do movimento do "conhece-te a ti mesmo", utilizado como a norma fundamental de Sócrates, Kierkegaard apresenta-o como o exemplo mais elevado do conhecimento humano, aprofundando em si mesmo a reminiscência e o conhecimento indireto de Deus. Ao aprofundar em si mesmo a vida virtuosa e o exercício da virtude, está contribuindo com o projeto de Deus, já que Deus não conhece outra esfera que não seja a ética.

A vontade em Sócrates, contudo, era travada. Ele não conseguiu realizar o salto, por isso, Kierkegaard afirma ter sido correta a sua condenação à morte pela coerência para com as leis do Estado. Sócrates encarna o geral, a submissão da individualidade à universalidade da lei. O que faltou a Sócrates sobrou a Abraão, a coragem necessária para superar o geral, em virtude do Absurdo. Abraão realizou o salto, o que o levou a se tornar "o eleito de Deus" e a operar a transformação e recuperação do finito "de forma a não perdê-lo, mas a ganhá-lo constantemente". Sócrates é um referencial ao demonstrar, com sua própria vida, os limites da razão conceitual e a necessidade de um novo patamar de conhecimento. Ele tem consciência do limite do conhecimento, mas não se abre à realidade mais profunda do paradoxo.

Sócrates encarna o indivíduo ético na concepção da ética-primeira. A sua vida, relata Kierkegaard comentando Hegel, "foi um contínuo atingir e fazer com que os outros pudessem também atingir o estádio de homem puro". Ele tem o mérito de romper, a partir do seu "demônio", com o oráculo que representava a objetividade da religião do Estado e introduzir a subjetividade como eixo da ação. Por isso o elogio a Sócrates, como fundador da moral: "Sócrates foi um sereno e honesto modelo de virtudes morais, de sabedoria, de modéstia, de renúncia, de moderação, de eqüidade, de valores, de inflexibilidade, de retidão firme diante dos tiranos e do povo, manteve-se afastado tanto das atividades de riqueza quanto da avidez de domínio."

A descrição do estádio ético-religioso mostra a confusão que se instalou na filosofia e na teologia quando ambas se desviaram do caminho e pretenderam ultrapassar os seus limites utilizando uma lógica calculista e indiferente, no caso, a mediação como condição de se chegar a Deus, reduzindo-O a um elemento do final do mesmo processo lógico. A crítica é contundente: "Em lugar de esclarecer e orientar os homens (os homens individuais) ao ético, ao religioso, ao existencial, a filosofia deu o aval para que os homens se colocassem, para dizer de maneira prosaica, em especulações vazias, sem perigo, nas nuvens do puro simulacro." E a teologia tornou-se insípida "porque lhe falta franqueza de estar diante de Deus, ela se tornou uma má-fé diante da Sagrada Escritura, uma cultura mundana". Tanto a filosofia quanto a ética se perverteram ao trocar o amor e a seriedade ética por um saber que transformou Deus em paliativo, em analgésico para as dores de consciência.

Tal teologia (hegeliana?) se tornou impotente ao abordar a relação entre Deus e indivíduo singular; ela se tornou prisioneira do sistema e não consegue enxergar o "presente existencial", que "é a verdade eterna que se encarna no tempo, que Deus se encarnou, nasceu, cresceu". Dessa forma, ela perdeu a sua intensidade e verdade, e o elemento religioso foi convertido em *doutrina*. Kierkegaard não quer provar a existência de Deus. Trata-se de uma Verdade Paradoxal, por isso não há que perguntar se Deus existe, mas, sim, que deus existe? É impossível provar a existência ou a não existência de Deus por meio da razão. Deus é insondável, esconde-se; é conhecido apenas como o limite, tal como nas *Migalhas filosóficas*:

> A paixão paradoxal da inteligência choca-se constantemente contra este Desconhecido, que decerto existe, mas que também é desconhecido, e nessa medida inexistente. A inteligência não pode ir mais longe: mas o seu sentido do paradoxo leva-a a se aproximar do obstáculo e a ocupar-se dele ... embora tenha captado corretamente o desconhecido como limite: mas o limite é justamente o tormento da paixão, ainda que ao mesmo tempo o seu incitamento. E no entanto ela não consegue ir mais longe, quer arrisque uma saída *via negationis*, quer *via eminentiae.*

Querer provar a existência de Deus a partir de demonstrações "é uma tentativa de torná-Lo ridículo" ... "mas nesse caso não seria melhor abolir Deus fazendo-O entrar por engano na engrenagem das leis da natureza e do desenvolvimento necessário da imanência?". O Deus da razão é definido abstratamente, como nas verdades matemáticas, com frieza e indiferença. As provas da existência de Deus garantem que Deus é a alma do mundo ou o supremo arquiteto do universo, mas esse não é Deus, pois "Deus é sujeito e só existe para a subjetividade na interioridade". Como já dizia Pascal, o encontro com Deus não ocorre "no imenso esforço da reflexão objetiva, mas por força da paixão infinita da interioridade".

Se Deus é escondido (Schelling), se é impossível conhecê-lo diretamente, como se constrói a relação entre o indivíduo e Deus? Kierkegaard define essa relação como educação do máximo esforço, da seriedade e da leveza. A relação com Deus constitui a educação, e Deus é o educador. A primeira condição dessa educação é o reconhecimento da absoluta necessidade de Deus. A segunda é o reconhecimento "que diante de Deus eu sou um nada". Essa tese não humilha o ser criado, ao contrário, é o reconhecimento de que ele é amado desde a eternidade pelo Absoluto.

Uma outra interpretação para a relação entre o indivíduo singular e Deus é realizada a partir da compreensão da existência como tempo de prova. A vida é uma escola, cada indivíduo deve submeter-se à prova, e suas ações cotidianas é que determinarão se ele está apto a desenvolver uma relação de alteridade com Deus. Deus não facilita a vida de ninguém e não é uma atitude madura exigir milagres, aparições, êxtases.

O ético-religioso realiza uma pedagogia ascendente da fé que comporta como elementos: angústia, desejo, contradição, paradoxo, amor, tentação, que se sintetizam na luta entre Deus e o homem. Fé sem dimensão da angústia não é verdadeira fé. A angústia, sua irmã gêmea, é desejo e saudades de Deus. A fé é uma tensão intrínseca da própria condição humana no processo de ganhar-se a si mesma, na transformação do ser-argila (Gn, 2,7) em um ser-do-jardim das delícias e em fonte de água viva. *Temor e tremor* descreve a tensão entre o homem e Deus: "Aquele que lutou contra o mundo, foi grande triunfando do mundo, o que combateu consigo próprio foi grande pela vitória que alcançou sobre si — mas aquele que lutou contra Deus foi o maior de todos." A magnitude da luta explica por que a fé não pode ser mera beatitude, mas pelo contrário, implica a fornalha da aflição (Is 48, 10) como condição da purificação da própria fé.

Abraão é submetido à prova: "Todos nós o sabemos hoje — tratava-se de uma prova e de uma prova apenas." Oferecer seu filho em sacrifício, a pedido de Deus: "Abraão! Ele respondeu: Eis-me aqui! Deus disse: toma teu filho, teu único filho que amas, Isaac, e vai à terra de Morijá, e lá o oferecerás em holocausto sobre uma montanha que eu te indicarei" (Gn 22, 1-1). A prova é ambígua: "Do ponto de vista ético, a conduta de Abraão exprime-se dizendo que quis matar Isaac e, sob o ponto de vista religioso, que pretendeu sacrificá-lo."

A prova, no seu fundamento, confronta os aspectos positivos e negativos da lei enquanto valor absoluto. A tese vem formulada como pergunta: há uma suspensão teleológica da moralidade? A história de Abraão introduz o paradoxo: "Ou o Indivíduo pode, como tal, estar em relação com o Absoluto, e nesse caso a eticidade não é o supremo estádio, ou Abraão está perdido." E nessa situação Abraão é o pior dos monstros e dos assassinos, "escória da sociedade! Que demônio te possui e impele a matar teu filho?". O segundo problema na história de Abraão é: há um dever absoluto para com Deus? Abraão é o pai da fé porque acredita que tudo é possível a Deus e, dessa forma, se o dever é absoluto para com Deus, a ética encontra-se rebaixada ao relativo, o que está fora de cogitação em Kant e Hegel. A ética-primeira afirma que, "do ponto de vista da moral, o pai deve amar o seu filho mais do que a si próprio". Abraão deve escolher entre realizar o dever da moral que ordena o amor para com o filho, ou o "dever como expressão da vontade de Deus". Kierkegaard tem consciência de que se encontra num terreno movediço, pois poderia legitimar o fanatismo dos que explodem templos, teatros, ônibus em nome de uma relação com Deus. É necessária uma nova categoria para compreender Abraão. E qual é a nova categoria capaz de distinguir e discernir entre o movimento de crise religiosa, fanatismo, fatalismo e o movimento da fé? A primeira categoria é a prova. Cada indivíduo é submetido à prova por si mesmo. Ela requer o completo isolamento do homem no interior de si mesmo, para que sua ação não seja confundida com um pedido de Deus. A interioridade faz discernir, reconhecer e assumir a ação como uma responsabilidade pessoal e não como uma ordem de Deus. Abraão, quando amarrou as mãos de Isaac, estava seguindo sua sã consciência ou estava em transe, possuído por Deus? Se estivesse possuído por Deus, em transe, se não estivesse consciente, não seria responsável por seus atos e seu sacrifício não representaria nenhum ato nobre. Abraão seria "um zero, um fantasma, um personagem de opereta".

Abraão é o personagem que concretiza o estar diante de Deus, é o paradigma do sujeito que faz a experiência radical do absurdo para ganhar o "finito em virtude do absurdo". Abraão é o protótipo, o Pai da fé. Ter fé implica necessariamente dois pólos que se fundem num só. O primeiro é o "ser posto à prova" para poder ser amadurecido na luta. O segundo é a angústia em "acreditar no absurdo" e desenvolver com o Absurdo uma relação de amor na distância e proximidade, em que o indivíduo "religioso se afasta de Deus por um momento, numa espécie de compromisso entre a solidão de Deus e a legítima defesa do si-mesmo". O movimento da fé absorve o valor da ética-primeira realizando-o em sua ação pessoal, não como imposição do dever kantiano, mas como expressão do amor, porque, após "realizar o movimento do infinito, cumpre concretizar o finito". A ética-segunda tem o mesmo objetivo da fé, que é a construção da existência digna. A fé ensina que só em Deus é possível a beatitude. A ética-segunda afirma que só por ações éticas é possível construir a dignidade humana.

Objetividade e sistema, subjetividade e existência

Postscriptum é a obra mais densa dessa produção e, por ironia, parece um tratado de filosofia. Não é só uma *Composição mímico-patético-dialética*, ou *Ensaio existencial*, apresenta um estudo profundo sobre as condições da existência e sobre Deus; sobre o homem e sua tarefa existencial, sobre a relação do dom e da responsabilidade, eixos da ética; sobre a liberdade histórica e seus limites no movimento do existir, do existente e da própria existência. Existir é pôr a diferença entre ser e essência na concretização do indivíduo singular, sempre em devir, e se realiza como este indivíduo singular (*den Enkelte*), que constrói sua individualidade, opondo-se ao formalismo que nega ou reduz o existir a uma padronização da ordem estabelecida ou a uma generalidade. Cada indivíduo singular é mais importante do que o gênero humano em sua abstração. Na Introdução, vemos uma formulação irônica da questão: qual é a relação pertinente do existente com a verdade? Na categoria da reduplicação, a Verdade é vida que se concretiza na relação entre duas realidades absolutas, o Absoluto de Deus e o absoluto do indivíduo singular. A verdade do cristianismo, para o pensador subjetivo, está na relação do indivíduo com o cristianismo. "Como eu, Johannes Climacus, posso participar da beatitude que o cristianismo promete? O problema concerne unicamente ao meu eu."

Nas *Migalhas* é fornecida a distinção entre ser e essência, central no pensamento de Kierkegaard, porque rompe com o modelo tradicional. Com efeito, existe uma essência, mas se ela está ou no passado ou na eternidade, no movimento do devir existencial, então ela nos é inacessível. A distinção entre essência e existência é fundamental. A existência é o tornar-se do indivíduo singular, que é proposto em cada página do *Postscriptum*. A distinção pode ser esclarecida da seguinte forma: "O sujeito existente é eterno, mas como existente é temporal." Como possibilidade, o existente é eterno, pois é criado do nada e, em Deus, tem a sua essência. Como, porém, a existência é um dom, e quando Deus, criando, se retira, automaticamente é retirada a essência que determinaria uma pseudo-existência e uma pseudo-independência do ser humano, já que não seria mais uma obra de si mesmo.

A existência tem essa qualidade: é um dom. Não se joga mais com causas e efeitos, com efeitos e causas. No terreno da existência, a liberdade histórica se instaura com o concretizar-se do si mesmo. A partir do momento em que o dom foi oferecido, a responsabilidade do que faz de si mesmo e consigo mesmo é uma questão exclusivamente do indivíduo singular. Nesse caso, a essência é também uma construção da própria condição humana ou, em termos kierkegaardianos, a essência também deve ser reduplicada em cada indivíduo, em cada geração (*Conceito de angústia*).

A existência não pode ter, enquanto tal, uma essência pronta, pois não seria existência de fato, já que ela não existe antes de ser concretizada como existência. E a liberdade não existe antes de ser agida, como o ser humano não existe antes de assumir o dom e tornar-se, com todos os perigos e implicações que o tornar-se comporta. "Aquele que é existente está sempre em devir. O pensador subjetivo realmente existente reproduz sempre no pensamento essa sua existência e põe todo o seu pensamento em devir." O pensador subjetivo é um aspirante, não se contenta com o positivo do pensamento imanente. Ele busca o infinito porque busca a si mesmo. O processo do devir é a existência. Esse processo quando é abstraído da própria existência é objeto do pensamento objetivo, mas para que ele possa realizar o seu objetivo precisa prescindir exatamente do que se propõe: da própria existência e das condições que garantem o *vir-a-ser* do existente e da existência.

O indivíduo singular tem como tarefa o tornar-se *em palavras vivas*, à maneira de Cristo, que é sempre, na perspectiva de Kierkegaard, o Modelo, a referência a ser seguida, porque Ele se constitui na verdadeira vida. Isso explica por que, nessa ótica, a verdade não se resume à identidade ou à conformidade entre o ser e o pensamento. A verdade "é" uma vida e é somente na sua apropriação, na aceitação livre e integral da verdade de Cristo enquanto Verdade-Caminho-Vida, é que a verdade adquire o caráter de sinônimo de subjetividade. "A verdade é interiorização e não uma cadeia de proposições dogmáticas." É possível uma primeira síntese da subjetividade: se o indivíduo singular é tarefa sempre em devir, jamais se reduz à objetivação estanque do conceito. Se assim fosse, este não diferiria de qualquer outro indivíduo da espécie humana e não poderia tornar-se e tornar-se de novo em si mesmo para atualizar a relação e a presença do eterno no temporal.

O pensar puro não se traduz em existência. A diferença entre pensamento e existência, embora colocada pela razão, não se reduz à razão, porque, na ótica existencial, a razão é uma dimensão da existência, não sinônimo dela. O pensamento puro não é capaz de criar a partir do próprio pensar a realidade, Deus e o Bem. A tarefa existencial não é objeto do pensamento puro, mas da existência, precisamente, do existente, pois "existir significa, antes de tudo, e, sobretudo, ser um indivíduo singular e é por isso que o pensamento puro deve prescindir da existência, porque o singular não se deixa pensar, somente o universal".

O pensador subjetivo é dialético com respeito à esfera existencial, pois mantém o pensamento apaixonado e interessado em preservar a disjunção qualitativa. Nesse sentido, "o pensador subjetivo não é um homem de ciência: ele é um artista. Existir é uma arte". O pensador subjetivo é um existente e um pensador. Ele se compromete com a existência e não faz, como certo pensador que proclamava a verdade, a ética e toda sorte de realidade superior, mas que, ao olhar sua vida privada, reconhecia a contradição entre o pensar e o ser, realidade e idealidade e, na prática de sua existência, contradizia os mais elementares princípios da justiça, do bem e da verdade.

A outra síntese da subjetividade é desenvolvida no *Postscriptum*. A verdade é subjetividade. Mas não uma subjetividade desencarnada e fechada em torno de si mesmo. Pelo contrário, é uma subjetividade comprometida com o destino do indivíduo singular e com sua realidade. Ela é definida como apropriação do ser da verdade. A verdade da apropriação assume, assim, o real externo como ponto de partida, para que a partir do interior, do interesse, da paixão, do compromisso, possa agir, encarnar-se e concretizar-se; por isso, são tão próximas, senão idênticas, verdade e liberdade na obra de Kierkegaard.

A *Prática do cristianismo* esclarece:

> Existe diferença entre a verdade e as verdades; e essa diferença se conhece especialmente mediante a determinação: *ser*, ou se conhece a distinção entre *caminho* e conclusão, isto é, o que se consegue ao final, é o *resultado* ... mas quando a verdade é o caminho, então ser a verdade é uma vida — e a esse respeito expressa Cristo acerca de si mesmo: Eu sou o caminho, a verdade e a vida.

A verdade exige um constante atualizar da Verdade na ação concreta e na realização do indivíduo singular. Kierkegaard retira o foco da verdade objetiva que seria igual para todos e o coloca no interior da própria atividade interna do singular. A verdade, então, pode ser concebida como uma coerência prática que é inconcebível para o sistema; verdade esta que só existe enquanto agida ou, de outra forma: "Eu só conheço a verdade se ela se faz vida em mim."

A reflexão objetiva transforma o sujeito singular em algo genérico e acidental, reduz a existência ao indiferente, evanescente. A via objetiva significa, "portanto, ter uma segurança que a via subjetiva não tem (e isso se compreende por si: existência, existir e segurança objetiva não se podem pensar juntos), ela no fundo se esquiva do perigo que atende à passagem da vida subjetiva e esse perigo no seu ápice é loucura". Existir, no sentido de ser um homem singular — este homem —, é uma imperfeição em confronto com a "vida eterna da idéia, mas é uma perfeição com relação ao não ser de fato".

A verdade se torna paradoxo, porque deixa de ser um conceito, para ser identificada com uma pessoa. É dupla a pretensão de Kierkegaard: a primeira, superar a verdade como adequação entre pensamento e ser. A partir da verdade como Paradoxo, a verdade é Cristo. Depois, o indivíduo singular, ao se relacionar com a verdade como Paradoxo, tem um referencial para concretizar-se a si mesmo, que o impede de concretizar a possibilidade do mal que há dentro dele, pois ser livre comporta a possibilidade do bem e do mal.

Uma terceira possibilidade de se compreender a subjetividade é quando Climacus a define no interior da interioridade como verdade, e esta como paixão. A subjetividade se traduz no paradoxo. Kierkegaard: "O ápice de interioridade em um indivíduo existente é a paixão, à paixão corresponde a verdade como paradoxo, o fato de que a verdade se torna paradoxo é fundado precisamente na sua relação com o sujeito existente." A paixão "é o máximo da subjetividade", porém a "mais alta paixão do homem é a fé". A fé não é uma certeza, é um acreditar no que não se vê. A fé corresponde à interioridade. Ela comporta um tentar a Deus, no sentido positivo. Tentar a Deus é ousar entendê-Lo com outras categorias que não sejam exclusivamente as da ordem da razão, mas também com a razão.

Subjetividade, verdade, contemporaneidade

A verdade nessa filosofia existencial não é um conceito, mas uma vida que é sempre atual. É a Vida que se faz vida, como oferta a cada indivíduo singular numa relação sempre presente do agora da eternidade no tempo. No interior da dialética do finito e do infinito, do temporal e do eterno, pode-se compreender o movimento da presença da Verdade eterna enquanto contemporaneidade. O Paradoxo Absoluto requer outras duas categorias para ser vivenciado: a repetição e a reduplicação. A novidade introduzida por Kierkegaard em relação à compreensão e classificação da verdade no âmbito filosófico é original, uma vez que a verdade deixa de ser um fundamento lógico e adquire o estatuto de apropriação existencial e relacional. Existencial, pois é o indivíduo singular que a reduplica no movimento de concretizar a si mesmo — por isso a tese de que a verdade só existe se ela faz vida no interior de quem, agindo, a produz. E relacional, porque substancialmente a verdade, na ótica do pensador dinamarquês, é Jesus Cristo encarnado na mais profunda subjetividade (a fé é uma determinação da subjetividade) do existente e que se deixa apropriar mediante a relação e unicamente através da relação.

Anti-Climacus, no capítulo da *Prática do cristianismo* intitulado *O cristianismo como o absoluto: a contemporaneidade com Cristo*, desenvolve a tese que justifica a eternidade no tempo "enquanto ela se mantém privilegiadamente por si mesmo fora da história". A relação com o Absoluto somente pode ocorrer em um tempo: o presente. Quem não se faz contemporâneo com o Absoluto não existe para ele, e, já que Cristo é o Absoluto, vê-se com facilidade que com relação a Ele não cabe mais do que uma situação: a da contemporaneidade. A encarnação e a contemporaneidade de Cristo não podem ser objetos de estudos históricos, porque Ele não é um produto da história. Com relação a Ele, "os 300, 700, 1.500, 1.800 anos não tiram e nem acrescentam nada; não O mudam, nem revelam quem Ele era, porque Ele se manifesta somente para ti na fé". O cristianismo da história universal é uma confusão diabólica. Com efeito, "os verdadeiros cristãos, que em cada geração são contemporâneos com Cristo, não têm nada que fazer com os cristãos da geração anterior, mas tudo com o Cristo contemporâneo".

"Tornar-se cristão na verdade significa fazer-se contemporâneo com Cristo, se assim não for, toda essa gritaria de proclamar-se cristão não é mais que demência, ilusão e profanação." O tema é desenvolvido no *Conceito de angústia*. Perante Deus, cada indivíduo é essencialmente o primeiro, como Adão, pois do contrário se estabeleceria uma continuidade histórica que só seria capaz de operar no interior do gênero, não da individualidade.

Quando se tem Cristo como referencial, a relação não ocorre em outra instância que não a da contemporaneidade, pois o homem só pode ser contemporâneo ao tempo em que vive. É de *arrepiar* a importância que cada indivíduo singular tem nessa perspectiva. Ser contemporâneo é ser o único perante Deus. É traduzir-se em autenticidade, e esta, em verdade. A verdade enquanto é Cristo não pertence ao campo da doutrina, mas à dimensão da realização enquanto apropriação da própria verdade. O que é a verdade? "Cristo é a verdade. Nesse sentido, a verdade não consiste em uma suma de proposições, nem em uma determinação conceitual e coisas similares, senão que a verdade é a Vida." E, contrariamente às máximas filosóficas, ele explica que o ser da verdade não é uma duplicação direta do ser relativo ao pensamento, que somente dá um ser pensado. "O ser da verdade é a duplicação em ti, em mim, de maneira que a tua vida, a minha e a tua, de uma forma aproximativa — em contato com ele — seja o ser da verdade, como a verdade era em Cristo: uma vida, pois Ele era a verdade."

Na perspectiva kierkegaardiana, não deve haver diferença entre conhecer a verdade e tornar-se a própria verdade. Qual verdade? Não se trata da verdade abstrata de cunho hegeliano, mas daquela fundamental que é Cristo. Ela é a certeza colhida na mais profunda interioridade como subjetividade, e é essa ação que produz a personalidade, porque somente uma verdadeira personalidade é capaz de concretizar a verdade no interior do esforço e da tensão em tornar-se contemporâneo da própria Verdade.

No difícil redemoinho das categorias kierkegaardianas, o tornar-se contemporâneo com o Absoluto implica assumir a gratuidade da Presença enquanto dom e retribuir a gentileza, assumindo-se a si mesmo como indivíduo singular, em um exercício de vontade ao aceitar o dinamismo, o risco e a responsabilidade implícitos no tornar-se contemporâneo com o Eterno. Don Juan não tem consciência do eterno. Seu tempo é fugaz, o sentido de sua existência é passageiro e, dessa forma, o máximo que atinge é o prazer momentâneo. O indivíduo que ousa ser um si-mesmo, assumindo a relação com o eterno, adquire a responsabilidade de tal forma que até a salvação do mundo é sua responsabilidade. Eu devo prestar contas à eternidade, não um eu anônimo e impessoal, mas cada si-mesmo em sua liberdade, vontade e razão.

É por entender a verdade como vida que Kierkegaard desenvolve extensivamente, nos *Discursos edificantes*, a importância de ser edificado na verdade, porque ela deve traduzir em concreto a relação e o resultado da relação reduplicadamente. "Só o originário é edificante" pode muito bem ser atualizada para "somente a verdade é edificante". O ser originário institui e estabelece a verdade a partir da sua interioridade, como reduplicação, numa dinâmica em que o estar sendo do indivíduo singular colabora decididamente para a concretização da plenitude dos tempos.

Kierkegaard na filosofia contemporânea

Kierkegaard contribuiu para trazer a filosofia de novo para o plano terreno, inserindo-a nos dramas e tragédias da própria existência. Daí o fascínio que exerce em muitos filósofos, psicólogos, cineastas, literatos, poetas e teólogos. Sua presença na filosofia contemporânea é constatada na crítica ferina à filosofia pura e desencarnada, no pôr-se em guarda e exigir um compromisso do pensador com a realidade; no resgate da dimensão original da filosofia que se pautava na discussão dos rumos para uma vida boa, justa e feliz.

Wittgenstein vê no Sócrates dinamarquês o pensador mais profundo do século XIX. Numa carta a Lee, afirma ser dedicado ao extremo à leitura de Kierkegaard e diz que nutria pelo pensador dinamarquês uma grande admiração, a ponto de julgá-lo muito profundo para ser entendido. "Kierkegaard é um pensador muito elevado para mim..."

Jaspers acha a filosofia contemporânea impossível sem Kierkegaard:

> Nos momentos mais decisivos, parece-me inexorável tudo o que Kierkegaard era capaz de ver e de falar com seu discurso e com a via por ele indicada. Em nossos dias, uma filosofia sem Kierkegaard me parece impossível. Segundo

meu parecer, a sua grandeza é de uma dignidade histórico-mundial tamanha, a ponto de colocá-lo ao lado de Nietzsche.

Há quem o considere um *divisor de águas*, traçando um antes e um depois para a filosofia. Para Ricoeur, Kierkegaard inaugura a pós-filosofia, ao introduzir a descontinuidade, a angústia, o nada, o paradoxo, o salto, o drama existencial que se apresenta no vazio, na superficialidade, na inautenticidade diante da existência. Pergunta se é possível filosofar após Kierkegaard: 1) a inconclusividade rompe com a linearidade do pensamento filosófico, introduzindo categorias existenciais como desespero, angústia, indivíduo singular, nostalgia, demoníaco, fé, salto, seriedade, verdade subjetiva, abnegação, paradoxo, Incondicionado; 2) o uso da pseudonímia na construção dos estádios existenciais estético, ético e ético-religioso. De fato, a obra de Kierkegaard constitui "abertura inédita e original de distintas possibilidades de exercer a tarefa de ser homem"; 3) a filosofia de Kierkegaard "é a oposição e a crítica mais radical às filosofias do Sistema, isto é, a redução ou dissolução da individualidade no Universal, na Totalidade do Sistema".

Já Lévinas escreve: "A filosofia de Kierkegaard incidiu tão profundamente sobre a filosofia contemporânea que as reservas e até a refutação que ela pode suscitar constituem para sempre o testemunho de uma modalidade desse influxo." A provocação contra a objetividade do sistema é impiedosa. Garante a individualidade que reside na subjetividade do singular ao reduplicar a verdade em suas opções. Reabilitou a subjetividade, o único, o singular, com força incomparável. Em Lévinas, a dimensão da ética como filosofia primeira é baseada nos escritos do pensador dinamarquês. "É a violência de Kierkegaard que me fere. A força e a violência que não temem nem o escândalo, nem a destruição, se tornam a partir de Kierkegaard e antes de Nietzsche, um estilo filosófico. Filosofa-se com o martelo."

Hannah Arendt considera o pensamento de Kierkegaard mais profundo e mais necessário para a evolução da filosofia do que o pensamento de Marx. Com aquele "começa a filosofia da existência moderna e ... não existe um único filósofo da existência em que a influência kierkegaardiana não esteja documentada". O Sócrates nórdico introduz o princípio de individualidade a partir da dialética da vida-morte, pois a morte, embora seja o mais universal, pertence a mim, exclusivamente a mim. No interior do binômio vida-morte, os dons da existência e da liberdade enquanto doadas se transformam em existência e liberdade, a partir do ato criador do existente.

Deleuze respalda a afirmação do ultrapassamento da filosofia com uma comparação: "Uma afirmação de Nietzsche vale também para Kierkegaard: não sou homem, sou dinamite. Eles explodem com a mediação hegeliana e, a propósito deles, fala-se de bom grado em ultrapassamento da filosofia."

Heidegger, que não confessa sua imensa dívida com Kierkegaard, reconhece uma época nova para a filosofia. Basta debruçar-se na segunda parte de *Ser e tempo*, ou em *Princípio de razão*, para ver Kierkegaard a cada página. Inautenticidade e autenticidade no fazer filosofia, angústia, vazio e salto, limites do fundamento e da razão, necessidade do paradoxo e de uma nova forma para se filosofar coerentemente, tudo isso ele herdou de Kierkegaard. A conferência *Gelassenheit* ("Serenidade"), de 1949, em sua terra natal, é um exemplo dessa dependência. Ela expõe a carência do pensamento autêntico e como "todos nós, mesmo aqueles que pensam por dever profissional, somos muitas vezes pobres-em-pensamentos... A ausência-de-pensamentos é um hóspede sinistro, que no mundo atual, entra e sai em toda parte". O tema do vazio existencial como fuga de si e, por isso, como desespero humano, é retomado no parágrafo 33 de *Ser e tempo*. O desespero mostra que o homem não é apenas um projeto, um ser-lançado, é mais do que isso: é o assumir-se diante de um poder maior que "deixou cair de suas mãos" para que o eu possa ser fruto de suas próprias opções. Querer ser um si-mesmo também conduz a uma forma de desespero, e não só o não querer ser si mesmo é desespero. O estado do desespero superado está exposto na *Doença para a morte*: "Eis a fórmula que descreve o estado do eu, quando deste se extirpa completamente o desespero: relacionando-se consigo mesmo, querendo ser si mesmo, o eu se fundamenta, através da própria transparência, até o poder que o pôs."

O desespero será vantagem ou imperfeição? Kierkegaard responde: uma coisa e outra em pura dialética. Abstratamente, o desespero é uma vantagem, pois poder sofrer desse mal coloca o homem acima dos animais. A superioridade do cristão em relação ao homem natural reside na consciência do desespero. Dialeticamente, é vantagem desesperar. O desespero, todavia, não é só a pior das misérias, mas a perdição do homem que não ousa a fundo tornar-se um si-mesmo. O desespero revela a discordância de uma síntese cuja relação diz respeito a si própria. Um fantasma não desespera, nem um eu ideal, nem uma mosca. Desesperar requer uma consciência do eu diante de algo maior, o que implica que o desespero não é só uma categoria transcendental, mas que é também o reconhecimento, por parte do eu finito, da dependência de um Eu maior e infinito. O desespero coloca o homem em seu verdadeiro patamar: liberdade derivada e responsabilidade original que despedaça o eu que é dado na possibilidade para constituir o si-mesmo a partir das escolhas éticas que o indivíduo singular realiza em meio às contradições em que está situado. Quem assume o desespero está mais próximo da cura. Resgata a necessidade da originalidade e da subjetividade. Num tempo em que tudo é coletivo, é impessoal, é uniforme, o desespero adquire a dimensão do elixir da longa vida, remédio contra o veneno do anonimato, do público, da multidão, do universal, da ilusão, da imoralidade. Heidegger apropria-se desse conteúdo e o traduz como falatório, inautenticidade, decadência da presença, autoritarismo na comunicação e anulação do fundamento ou da edificação. O movimento da reflexão da interioridade é um caminho rumo ao centro de si mesmo (Heidegger: retorno ao fundamento).

A filosofia abstrata contribui para "a ausência de responsabilidade e de escrúpulos" ao contentar-se com a impessoalidade, o formalismo e a indiferença diante da verdade ou da falsidade. O impessoal é a causa da corrupção. Motivo para que os pensadores de Frankfurt absorvam e valorizem o pensamento kierkegaardiano. A crítica aos desvios da comunicação e da linguagem e à maneira como esses mecanismos estão a serviço da classe dominante são temas correntes em Adorno, Horkheimer, Benjamin. Adorno escreveu sua Habilitação sobre Kierkegaard. A crítica adquire caráter político e filosófico, atual e importante, no âmbito da discussão da ética. A crítica política se sustenta em duas constatações: o mundo quer ser enganado e "é a mentira, a baixeza e a injustiça que governam o mundo". A estratégia do Estado consiste em eliminar a personalidade individual e criar o anonimato, difundindo a mentira de que o mais importante é a massa, a multidão, o número, a maioria.

A multidão não pode ser responsável, falta o indivíduo para assumir a tarefa ética em primeira pessoa. A multidão se torna "a mais torturante forma de tirania, a mais insulsa, absolutamente, o ocaso de toda coisa realmente sublime e se constitui na verdadeira imagem do inferno". A multidão não tem identidade nem consciência. A influência dos meios de comunicação de massa, o contágio e a indução subliminares determinam modelos e valores a serem seguidos. A alternativa contra o mal do século é a ética. A atualidade de Kierkegaard se constata na unidimensionalidade com que meios de comunicação de massa e sistemas políticos reduzem a individualidade a uma massificação desprovida de vontade própria e de liberdade, incapaz de reduplicar em si mesmo o dom e a exigência do ato de existir. No mundo globalizado, sua obra critica a dicotomia entre os discursos sobre ética, ciência, religião, progresso, e a prática correspondente. Importante a denúncia que fazia de estar vivendo em "uma época de desagregação", em que os homens se perdiam numa vida vegetativa, vivendo abaixo das outras espécies de animais. A alternativa à fuga do mundo é inserir-se nas contradições das coisas do mundo. O filósofo tem um papel importante na transformação das estruturas que impedem a dignidade da vida humana. A tensão dialética entre pensar e existir e reduplicar o pensamento na ação requer dos filósofos um gesto de humildade e um diálogo fecundo com o que constitui interesse e importância para a concretização da dignidade humana. A filosofia coerente deve encarnar-se numa situação, e o lugar da concretização é o existente e a luta para edificar-se na existência. Se a filosofia perde seu referencial, introduz a "desgraça dos tempos modernos, ou seja, ter abolido o eu, o eu-pessoal", com o universal. O referencial não é uma idéia, mas um ser. A relação não é lógica, é existencial e o conhecimento não é saber puro, mas poder agir e transformar.

O niilismo lingüístico e filosófico transformou tudo e todos em iguais, em bandos, em massa de manobra, em desordem, em uma abstração do sistema. O niilismo pode ser compreendido na voz kierkegaardiana como "as orgias espirituais da filosofia contemporânea" que se entrega e se perde em meio a "ponderações prolixas", pretendendo tudo saber, mas não conseguindo chegar ao íntimo do ser humano, pois de que adianta tanto saber e compreensão, se falta ação na vida dos homens?

Seleção de textos

Aforismos do jovem esteta de *A alternativa I*

Afora meu numeroso círculo de amizades restante, ainda tenho uma confidente íntima: minha melancolia; em meio à minha alegria, em meio ao meu trabalho, ela me acena, chama-me à parte, ainda que eu permaneça corporalmente no mesmo lugar. Minha melancolia é a mais fiel das amantes que já conheci. Que há de estranho em que eu também a ame?

Perguntem-me o que quiserem, só não me perguntem acerca de razões. A uma menina se perdoa se não souber fornecer as razões, ela vive no sentimento, como se diz. Comigo é diferente. Em geral eu tenho tantas razões e, no mais das vezes, intimamente contraditórias, que por isso mesmo se me torna impossível fornecer as razões. Com causa e efeito, parece-me que também as coisas não combinam como deviam. Ora surge de uma causa enorme e poderosa um efeito bem pequenininho e imperceptível, às vezes mesmo efeito nenhum; ora uma causa minúscula desencadeia um efeito gigantesco.

É preciso uma grande ingenuidade para crer que adianta gritar e clamar pelo mundo como se com isso se conseguisse alterar o próprio destino. Tome-se a coisa como ela se apresenta, renunciando-se à prolixidade. Quando, em minha juventude, eu entrava num restaurante, dizia ao garçom: Um pedaço bom, um pedaço bem bom, do lombo, que não seja gordo demais. O garçom talvez nem ouvisse meu grito, e menos ainda atentasse para ele, supondo que minha voz pudesse chegar até a cozinha e pudesse mover aquele que cortava a carne. Muito embora tudo isso acontecesse, talvez nem mesmo existisse um bom pedaço em todo o espeto. Agora eu não grito jamais.

Migalhas filosóficas

O que aconteceu, aconteceu, assim como aconteceu, e assim é imutável; mas essa imutabilidade é a da necessidade? A imutabilidade do passado consiste em que o "assim" de sua realidade não pode vir a ser diferente; mas segue-se daí que o "como" possível desse passado não teria podido vir a ser de outra maneira? A imutabilidade do necessário, bem ao contrário, consiste no relacionar-se sempre consigo mesmo e relacionar-se sempre consigo mesmo do mesmo modo. Ela exclui toda e qualquer mudança, não se contenta com a imutabilidade do passado que, como foi mostrado, não só é dialética em relação a uma mudança anterior, da qual resulta, mas também tem de ser dialética até mesmo em relação a uma mudança de ordem superior, que a anula. ...

O futuro ainda não aconteceu, mas não é por isso menos necessário do que o passado, visto que o passado não se tornou mais necessário por ter acontecido, mas ao contrário mostrou, por ter acontecido, que não era necessário. Se o passado se tivesse tornado necessário, não se deveria poder concluir o oposto no que concerne ao futuro, porém, ao contrário, daí se seguiria que o futuro também era necessário. Caso a necessidade pudesse penetrar num único ponto, não se poderia mais falar de passado e de futuro. Querer predizer o futuro (profetizar) e querer compreender a necessidade do passado é completamente a mesma coisa, e é apenas uma questão de moda se a uma geração uma parece mais plausível do que a outra. O passado, afinal de contas, deveio; o devir é a mudança da realidade pela liberdade. Ora, se o passado se tivesse tornado necessário, não mais pertenceria à liberdade, isto é, àquilo pelo qual ele veio a ser. A liberdade estaria então numa posição ruim, faria ao mesmo tempo rir e chorar, pois levaria a culpa daquilo que não seria de sua competência, produziria aquilo que a necessidade logo haveria de engolir, e a própria liberdade tornar-se-ia uma ilusão, e o devir não menos; a liberdade tornar-se-ia bruxaria, e o devir, alarme falso.

O conceito de angústia

A inocência é ignorância. Na inocência, o homem não está determinado como espírito, mas determinado psiquicamente em unidade imediata com sua naturalidade. O espírito está sonhando no homem. Tal interpretação está em perfeita concordância com a da Bíblia que, ao negar ao homem em estado de inocência o conhecimento da diferença entre bem e mal, condena todas as fantasmagorias católicas sobre o mérito.

Nesse estado há paz e repouso, mas ao mesmo tempo há outra coisa que, sem embargo, não é agitação nem luta, pois não há nada contra o que lutar. Mas, então, o que é? Nada. Mas que efeito exerce esse nada? Engendra angústia. Esse é o profundo mistério da inocência: ela é ao mesmo tempo angústia. Sonhando, projeta o espírito sua própria realidade, mas essa realidade é nada, porém esse nada a inocência vê continuamente fora dela. ...

A angústia é a possibilidade da liberdade, só essa angústia é, pela fé, absolutamente formadora, na medida em que consome todas as coisas finitas, descobre todas as suas ilusões. ... Aquele que é formado pela angústia é formado pela possibilidade e só quem for formado pela possibilidade estará formado de acordo com sua infinitude. A possibilidade é, por conseguinte, a mais pesada de todas as categorias. ... Não, na possibilidade tudo é igualmente possível e aquele que, em verdade, foi educado pela possibilidade entendeu tanto aquela que o espanta quanto a que lhe sorri. ... Mas para que um indivíduo deva ser formado assim tão absoluta e infinitamente pela possibilidade, ele tem de ser honesto frente à possibilidade e ter a fé. Por fé compreendo aqui o que Hegel, à sua maneira, em algum lugar, corretissimamente, chama de a certeza interior que agarra de antemão a infinitude. Se forem administradas ordenadamente as descobertas da possibilidade, aí a possibilidade há de descobrir todas as finitudes, mas há de idealizá-las na forma da infinitude e há de mergulhar o indivíduo na angústia, até que este, por sua parte, vença-as na antecipação da fé.

A doença para a morte

O homem é espírito. Mas o que é espírito? Espírito é o si-mesmo. Mas o que é o si-mesmo? O si-mesmo é uma relação que se relaciona consigo mesma, ou consiste no seguinte: que na relação a relação se relacione consigo mesma; o si-mesmo não é a relação, mas consiste em que a relação se relacione consigo mesma. O homem é uma síntese de infinitude e de finitude, do temporal e do eterno, de liberdade e de necessidade, em suma, é uma síntese. ... Se essa relação que se relaciona consigo mesma é constituída por um outro, então ela é decerto o terceiro termo. ... Uma relação assim derivada, constituída, é o si-mesmo humano, uma relação que se relaciona consigo mesma e, no relacionar-se consigo mesma, relaciona-se com um outro. ... Se o si-mesmo humano tivesse se constituído, só poderia haver uma forma de desespero: não querer ser si-mesmo, querer livrar-se de si-mesmo; não se poderia falar da outra forma, o querer desesperadamente ser si-mesmo. Com efeito, essa fórmula é a expressão da total dependência dessa relação (do si-mesmo), ela exprime que o si-mesmo não pode, por si mesmo, nem alcançar o equilíbrio e o repouso nem aí permanecer, mas só o conseguirá quando, ao relacionar-se consigo mesmo, relacionar-se também com aquele que constituiu a totalidade da relação. Sim, essa segunda forma de desespero (desesperadamente querer ser si-mesmo) está tão longe de designar uma espécie particular de desespero que, ao contrário, todo desespero, em última análise, dissolve-se nela e é reconduzido a ela. ... A má relação do desespero não é uma simples má relação, mas uma má relação numa relação que se relaciona consigo mesma e é constituída por um outro, de modo que a má relação, naquela relação presente, ao mesmo tempo se reflete infinitamente na relação para com o Poder que a constituiu. Pois essa é a fórmula que descreve o estado do si-mesmo quando o desespero está completamente erradicado: relacionando-se consigo mesmo, e querendo ser ele mesmo, o si-mesmo se funda transparentemente no Poder que o constituiu.

Referências e fontes

A maioria das obras de Kierkegaard não está traduzida para o português. O pesquisador teria de usar as *Samlede Værker*, ou as que o Centro de Investigações de Kierkegaard, de Copenhague, vem publicando, com grande aparato crítico, sob o título de *Søren Kierkegaards Skrifter* (*SKS*). Serão 55 volumes, com as obras e os cadernos dos diários. Há somente traduções fragmentárias dos *Diários*. Pode-se ler Kierkegaard em francês nas *Oeuvres Complètes* (Paris, Orante), organizadas por Paul-Henri e Else-Marie Tisseau, ou em inglês, de Princeton, *Kierkegaard's Writings*, organizada por Howard e Edna Hong. Quem lê alemão dispõe das *Gesammelte Werke*, de Gütersloh, traduzidas por Emanuel Hirsch e Hayo Gerdes. Há traduções italianas também muito úteis.

Em português, as traduções mais antigas incluem *O diário do sedutor*, *O conceito de angústia* e *O desespero humano* — traduções sofríveis. *Temor e tremor* pode ser lido na coleção Os Pensadores. A melhor coletânea é a de E. Reichmann: *Søren Kierkegaard — Textos selecionados*, esgotada e com nova edição revisada prevista. Edições 70, de Portugal, publicou o *Ponto de Vista*. *In vino veritas* tem uma boa tradução, recente, de J.M. Justo (Lisboa).

No Brasil, vão surgindo traduções a partir do dinamarquês. Em 1991, *O conceito de ironia*; em 1995, as *Migalhas filosóficas*. Mais tarde, Sílvia S. Sampaio traduziu *É preciso duvidar de tudo*, e, em 2005, saíram *As obras do amor*, pela Editora Universidade São Francisco. Uma edição crítica de *O conceito de angústia* está em andamento, prevista para 2008. Henri N. Levinspuhl traduziu muitos títulos assinados por Kierkegaard, como vários *Discursos edificantes*.

Na internet, encontram-se os demais pormenores editoriais, além de muitos outros que não cabem aqui. A Sobreski (Sociedade Brasileira de Estudos de Kierkegaard) tem uma página com informações úteis.

Leituras recomendadas

O que se lia antigamente sobre Kierkegaard no Brasil apenas traduzia opiniões sem fundamento ou meros preconceitos. Ernani Reichmann foi a grande exceção, e continua lembrado como a estrela maior desse firmamento. Hoje já contamos com alguns doutores que leram Kierkegaard com atenção. Nomes como Ricardo Gouvêa, Sílvia Sampaio, Márcio de Paula, Deyve Santos, Guiomar de Grammont, Cleide Scarlatelli e outros mostram muito estudo dedicado ao dinamarquês. Podemos indicar dez títulos acessíveis, introdutórios, que contêm uma bibliografia bem pormenorizada:

De Paula, Márcio Gimenes. *Socratismo e cristianismo em Kierkegaard: o escândalo e a loucura.* São Paulo, Annablume, 2001.

Farago, France. *Compreender Kierkegaard.* Petrópolis, Vozes, 2006.

Gouvêa, Ricardo Q. *A palavra e o silêncio. Kierkegaard e a relação dialética entre razão e fé em* Temor e tremor. São Paulo: Custom, 2002.

______. *Paixão pelo paradoxo. Uma introdução a Kierkegaard.* São Paulo, Novo Século, 2000.

Hannay, A. e G. Marino. *The Cambridge Companion to Kierkegaard.* Cambridge University Press, 1998. Esse livro traz bons comentadores estrangeiros atuais.

Le Blanc, Charles. *Kierkegaard.* São Paulo, Estação Liberdade, 2003.

Revista Filosofia Unisinos, vol.6, n.3, set-dez 2005. Número da revista dedicado a Kierkegaard.

Roos, Jonas. *Razão e fé no pensamento de Kierkegaard.* São Leopoldo: Sinodal/EST, 2006. Inteligente dissertação de perspectiva teológica.

Valls, Alvaro. *Do desespero silencioso ao elogio do amor desinteressado.* Porto Alegre, Escritos, 2004. Com traduções e comentários.

______. *Entre Sócrates e Cristo. Ensaios sobre a ironia e o amor em Kierkegaard.* Porto Alegre, Edipucrs, 2000.

Sobre os autores

Jorge Miranda de Almeida nasceu na Bahia e estudou na Pontifícia Universidade Católica do Rio de Janeiro. É doutor em filosofia pela Universidade Gregoriana, de Roma, com tese sobre Kierkegaard. Pesquisa especialmente as relações entre Lévinas e Kierkegaard e leciona ética e filosofia contemporânea na Universidade Estadual do Sudoeste da Bahia (Uesb), Bahia. Publicou "A categoria do edificante na construção da ética-segunda em Kierkegaard", na revista *Filosofia Unisinos*, ano 6, n.3, p.276-293, set-dez 2005. É o atual presidente da Sociedade Brasileira de Estudos de Kierkegaard (Sobreski).

Alvaro Luiz Montenegro Valls nasceu no Rio Grande do Sul e estudou em São Paulo. É doutor em filosofia pela Universidade de Heidelberg, Alemanha, com tese sobre Kierkegaard. Professor da Universidade Federal do Rio Grande do Sul (UFRGS) por três décadas, hoje leciona ética e filosofia moderna na Unisinos e é pesquisador do CNPq. Traduziu do dinamarquês *O conceito de ironia* (Universidade São Francisco), *Migalhas filosóficas* (Vozes), *As obras do amor* (Universidade São Francisco), *É preciso duvidar de tudo* (com Sílvia S. Sampaio, Martins Fontes), e *Do desespero silencioso ao elogio do amor desinteressado* (Escritos). É autor de *O que é ética* (Brasiliense) e *Entre Sócrates e Cristo. Ensaios sobre a ironia e o amor em Kierkegaard*. (Edipucrs). Ajudou a criar a Sobreski e um boletim eletrônico intitulado Severino.

Coleção **PASSO-A-PASSO**

Volumes recentes:

CIÊNCIAS SOCIAIS PASSO-A-PASSO

O negócio do social [40], Joana Angélica Barbosa Garcia

Origens da linguagem [41], Bruna Franchetto e Yonne Leite

Antropologia da criança [57], Clarice Cohn

Patrimônio histórico e cultural [66], Pedro Paulo Funari e Sandra de Cássia Araújo Pelegrini

Antropologia e imagem [68], Andréa Barbosa e Edgar T. da Cunha

Antropologia da política [79], Karina Kuschnir

Sociabilidade urbana [80], Heitor Frúgoli Jr.

Pesquisando em arquivos [82], Celso Castro

Cinema, televisão e história [86], Mônica Almeida Kornis

FILOSOFIA PASSO-A-PASSO

Estética [63], Kathrin H. Rosenfield

Filosofia da natureza [67], Márcia Gonçalves

Hume [69], Leonardo S. Porto

Hannah Arendt [73], Adriano Correia

Schelling [74], Leonardo Alves Vieira

Niilismo [77], Rossano Pecoraro

Kierkegaard [78], Jorge Miranda de Almeida e Alvaro L.M. Valls

Filosofia da biologia [81], Karla Chediak

Ontologia [83], Susana de Castro

John Stuart Mill & a liberdade [84], Mauro Cardoso Simões

Filosofia da história [88], Rossano Pecoraro

Teoria do conhecimento [91], Alberto Oliva

PSICANÁLISE PASSO-A-PASSO

Psicanálise com crianças [75], Teresinha Costa

Feminino/masculino [76], Maria Cristina Poli

Cinema, imagem e psicanálise [85], Tania Rivera

Trauma [87], Ana Maria Rudge

Édipo [89], Teresinha Costa

A psicose [90], Andréa M.C. Guerra

A angústia [92], Sonia Leite

Educação e psicanálise [93], Rinaldo Voltolini

Os outros em Lacan [94], Antonio Quinet

A paixão [95], Marcus André Vieira

Histeria: o caso Dora [96], Nadiá Paulo Ferreira e Marcus Alexandre Motta

ESTA OBRA FOI COMPOSTA POR TOPTEXTOS EDIÇÕES GRÁFICAS EM MINION E FRUTIGER E IMPRESSA EM PROCESSO SOB DEMANDA PELA UM LIVRO SOBRE PAPEL OFFSET PARA A EDITORA SCHWARCZ A PARTIR DE 2025

FSC
www.fsc.org
MISTO
Apoiando o manejo florestal responsável
FSC® C128038

A marca FSC® é a garantia de que a madeira utilizada na fabricação do papel deste livro provém de florestas que foram gerenciadas de maneira ambientalmente correta, socialmente justa e economicamente viável, além de outras fontes de origem controlada.